U0568879

Public Administration and
Public Management Classics

ACADEMIC FRONTIERS SERIES

ACADEMIC FRONTIERS SERIES 公共行政与公共管理经典译丛

学术前沿系列 Public Administration and Public Management Classics

"十二五"国家重点图书出版规划项目

后现代公共行政

话语指向（中文修订版）

[美] 查尔斯·J·福克斯（Charles J. Fox）
休·T·米勒（Hugh T. Miller） 著

楚艳红 曹沁颖 吴巧林 译
吴 琼 校

Postmodern Public Administration
Toward Discourse

中国人民大学出版社
·北京·

《公共行政与公共管理经典译丛》编辑委员会

《公共行政与公共管理经典译丛》

总　　序

在当今社会，政府行政体系与市场体系成为控制社会、影响社会的最大的两股力量。理论研究和实践经验表明，政府公共行政与公共管理体系在创造和提升国家竞争优势方面具有不可替代的作用。一个民主的、负责任的、有能力的、高效率的、透明的政府行政管理体系，无论是对经济的发展还是对整个社会的可持续发展都是不可缺少的。

公共行政与公共管理作为一门学科，诞生于20世纪初发达的资本主义国家，现已有上百年的历史。在中国，公共行政与公共管理仍是一个正在发展中的新兴学科。公共行政和公共管理的教育也处在探索和发展阶段。因此，广大教师、学生、公务员急需贴近实践、具有实际操作性、能系统培养学生思考和解决实际问题能力的教材。我国公共行政与公共管理科学研究和教育的发展与繁荣，固然取决于多方面的努力，但一个重要的方面在于我们要以开放的态度，了解、研究、学习和借鉴国外发达国家研究和实践的成果；另一方面，我国正在进行大规模的政府行政改革，致力于建立与社会主义市场经济相适应的公共行政与公共管理体制，这同样需要了解、学习和借鉴发达国家在公共行政与公共管理方面的经验和教训。因此无论从我国公共行政与公共管理的教育发展和学科建设的需要，还是从我国政府改革的实践层面，全面系统地引进公共行政与公共管理经典著作都是时代赋予我们的职责。

出于上述几方面的考虑，我们组织翻译出版了这套《公共行政与公共管理经典译丛》。为了较为全面、系统地反映当代公共行政与公共管理理论与实践的发展，本套丛书分为六个系列：(1) 经典教材系列。引进这一系列图书的主要目的是适应国内公共行政与公共管理教育对教学参考及资料的需求。这个系列所选教材，内容全面系统、简明通俗，涵盖了公共行政与公共管理的主要知识领域，涉及公共行政与公共管理的一般理论、公共组织理论与管理、公共政策、公共财政与预算、公共部门人力资源管理、公共行政的伦理学等。这些教材都是国外大学通用的公共行政与公共管理教科书，多次再版，其作者皆为该领域最著名的教授，他们在自己的研究领域多次获奖，享有极高的声誉。(2) 公共管理实务系列。这一系列图书主要是针对实践中的公共管理者，目的是使公共管理者了解国外公共管理的知识、技术、方法，提高管理的能力和水平，内容涉及如何成为一个有效的公共管理者、如何开发管理技能、政府全面质量管理、政府标杆管理、绩效管理等。(3) 政府治理与改革系列。自20世纪80年代以来，世界各国均开展了大规模的政府再造运动，政府再造或改革成为公共行政与公共管理的热点和核心问题。这一系列选择了在这一领域极具影响的专家的著作，这些著作分析了政府再造的战略，向人们展示了政府治理的前景。(4) 学术前沿系列。这一系列选择了当代公共行政与公共管理领域有影响的学术流派，如新公共行政、批判主义的行政学、后现代行政学、公共行政的民主理论学派等的著作，以期国内公共行政与公共管理专业领域的学者和学生了解公共行政理论研究的最新发展。(5) 案例系列。这一系列精心选择了公共管理各领域，如公共部门人力资源管理、组织发展、非营利组织管理等领域的案例教材，旨在为国内公共管理学科的案例教学提供参考。(6) 学术经典系列。这一系列所选图书包括伍德罗·威尔逊、弗兰克·约翰逊·古德诺、伦纳德·怀特、赫伯特·A·西蒙、查尔斯·E·林德布洛姆等人的代表作，这些著作在公共行政学的发展历程中有着极其重要的影响，可以称得上是公共行政学发展的风向标。

总的来看，这套译丛体现了以下特点：(1) 系统性。基本上涵盖了公共行政与公共管理的主要领域。(2) 权威性。所选著作均是国外公共行政与公共管理的大师，或极具影响力的作者的著作。(3) 前沿性。反映了公共行政与公共管理研究领域最新的理论和学术主张。

在半个多世纪以前，公共行政大师罗伯特·达尔（Robert Dahl）在《行政学的三个问题》中曾这样讲道："从某一个国家的行政环境归纳出来的概论，不能够立刻予以普遍化，或被应用到另一个不同环境的行政管理上去。一个理论是否适用于另一个不同的场合，必须先把那个特殊场合加以研究之后才可以判定"。的确，在公共行政与公共管理领域，事实上并不存在放之四海而皆准的行政准则。按照建设有中国特色的社会主义的要求，立足于对中国特殊行政生态的了解，以开放的思想对待国际的经验，通过比较、鉴别、有选择的吸收，发展中国自己的公共行政与公共管理理论，并积极致力于实践，探索具有中国特色的公共行政体制及公共管理模式，是中国公共行政与公共管理发展的现实选择。

本套译丛于1999年底由中国人民大学出版社开始策划和组织出版工作，并成立了由该领域很多专家、学者组成的编辑委员会。中国人民大学政府管理与改革研究中心、国务院发展研究中心东方公共管理综合研究所给予了大力的支持和帮助。我国的一些留美学者和国内外有关方面的专家教授参与了原著的推荐工作。中国人民大学、北京大学、清华大学、厦门大学等许多该领域的中青年专家学者参与了本套译丛的翻译工作。在此，谨向他们表示敬意和衷心的感谢。

《公共行政与公共管理经典译丛》编辑委员会

译者前言

1887年，伍德罗·威尔逊的《行政研究》一文的发表标志着现代美国公共行政研究的发端，尔后，德国学者马克斯·韦伯的官僚制理论的引入，奠定了美国乃至世界公共行政思想的主流，并在第二次世界大战结束后的一段时期达到其发展的巅峰。然则，到20世纪60年代末，越战、白宫丑闻、各种激进的社会思潮与民主运动的高涨等等导致了美国建国来最严重的宪法危机，激发了公共行政的研究者和实践者开始重新思考美国公共行政的传统，并在此基础上提出了一系列替代传统模式的新理论：制度主义、宪政主义、社群主义等；而与此同时，各种行政改革也风起云涌：公务员制度改革、绩效评估、道德建设、政府重建等。但这一切似乎并未能完全遏制住美国公共行政的合法性危机，继尼克松总统的“水门事件”之后，里根总统的“伊朗门事件”和克林顿总统的“拉链门事件”一再暴露出美国公共行政体系存在的严重漏洞，也充分暴露出已有的公共行政理论在现实面前的捉襟见肘，再加上20世纪八九十年代以来迅猛发展的各种后现代思潮，更是令传统公共行政的理论假设和概念陷入全面的困顿，更别说用这些理论和概念切入后现代的现实本身。

我们现在翻译的这本《后现代公共行政》就是为解决上面所述的现实的和理论的危机而给美国公共行政的理论与实践开出的一张处方。全书共分两篇六章。第1篇主要集中于分析各种已有的公共行政理论以及后现代状况下公共行政理论的困境；在第2

篇中，作者通过介绍现象学的情境与意向性观点、吉登斯的结构化理论和现代物理学的能量场概念，提出了自己的话语理论，并进而将其运用于后现代境域中，对后现代状况下公共行政的话语理论的有效性进行了论证。

作者首先批判地分析了美国公共行政的传统理论模式及其各种后起的替代性模式的局限和问题，指出制度主义或宪政主义不过是在强化传统的政治/行政的二分法，而所谓的社群主义在后现代语境下又是一个不可能的理想，它们都无法带领现代公共行政走出理论的困顿。

接着，作者对后现代状况做了一种符号学的分析。作者指出，就符号的层面而言，所谓的“现实”不过是社会的、历史的符号建构的产物，在后现代状况下，符号的能指与所指的脱节导致了“超现实”的出现，后现代文化最典型的特征就是高雅文化或大文化的日趋没落和亚文化的日益强劲，后现代意识的碎片化和关注于超现实的媒体形象的新部落主义使得任何形式的管理都变得困难。因此需要找到一种新的框架，一方面，它能承受后现代的状况；另一方面，能提出与民主理想相一致的主张。这就是所谓的话语理论。

公共能量场是话语理论的核心概念，作者的这一概念是现代物理学的场理论和现象学的方法相互修正的结果。如作者所说，场是作用于情境的力的复合。场的结构并不遵循固定的公式，而是取决于生活世界正在发生的事。而能量这一概念则意味着：场中有足够的目标和意图，这些目标和意图使人们被吸引、被激动、被改变。公共事务就是这样一种能量场，在那里，有着各种能量或力的作用，它们各有自己的意向性或目的，从而形成一个公共的能量场。

公共能量场是表演社会话语的场所，公共政策在这里制定和修订。但这一制定和修订的过程同时也是各种话语进行对抗性的交流的过程，是具有不同意向性的政策话语在某一重复性的实践的语境中为获取意义而相互斗争的过程，在这里，没有一个意义先天地是真的或者说是本体论地确定的。意义就是为了被抓住而确立的。在此，有两点是至关重要的：一方面，为了避免陷入后现代话语的那种无政府主义，作者引入哈贝马斯的理想交谈和交流能力理论，对话语意义的真实性或者说真实话语的条件作出了严格的限定：交谈者的真诚、表达的清晰、表达内容的准确以及言论与讨论语境的相关性；另一方面，为了避免陷入官僚制民主模式的独白性言说，作者又引用汉娜·阿伦特的对抗性的紧张关系的观点，指出：在话语中，我们期望着意义之战，我们期望着争辩、论证、反驳，而不是和谐的异口同声，也就是说，参与对话的双方是一种结构性的关系，他们之间既是平等的，同时又是对抗的、相互辩驳的。正是基于这两方面的原因，作者指出，在公共能量场中，对话或者话语必须是有规则的：真诚、切合情境的意向性、参与意愿以及实质性的贡献，这些就是话语正当性的条件。每一个人都有假定的参与对话的权利，并且参与资格是可自由地获得的。但是当人们思考社会行为时，就必须遵循规范。那些违背了基本结构规则的人就会丧失基本的进入条件，因为尽管我们无法也不想剥夺那些想讲假话的人自由说话的权利，但我们可以拒绝像对待真话一样认真对待这些言论。

最后，作者对公共能量场中的话语形式进行了分类：少数人的对话（官僚制的独白性话语)、多数人的对话（后现代的无政府主义的表现主义话语）和一些人的对话（真正民主的公共的真实话语)。并指出，在后现代状况中，真实的话语是民主化行政理论最好的期待。从纯理论上说，话语理论设想的是一个所有人都参与的民主前景，但从实践的方面而言，它强调了自主参与的重要性，只有那些积极投身于公共事务的人才能通过其有意义的、切合情境的话语对公共政策的制定和实施发挥作用，才能切实地利用他们真实参与的责任来加强民主。

吴　琼

序　　言

ix 这本书激发出了我头脑和心灵中很多角落里的东西。它并不支持我所珍爱的那些公共行政规则。它的一些哲学理论特征让我想起了中世纪时带有偏见的理论争执。当作者一方面摧毁一切批评，另一方面对于实践建议又给得太少时，我很不耐烦。我的著作《黑堡学派》也是作者大肆批评的靶子之一。我有很多理由恨这本书，但是，我爱它！为什么？

因为**在公共行政管理领域的研究中，就目前来看，它代表了最高水平**。我们目前的教学、学术、理论、咨询——甚至建立在互相冲突的范式、不成比例的认识论上的话语理论都是**重要**的。无论你对它是否同意，发现它是否有用，觉得它是前进还是倒退，你都必须承认，公共行政人员目前的精神生活是充满活力的、生动活泼的，他们在大声争辩着。

这就是这本书。福克斯和米勒（Fox and Miller）将他们自己描述为“新生代工人阶级子弟”，正像他们描述的那样，他们快乐而又无畏地决定从事公共行政领域的研究。在第一次的扫荡中，他们批判了大约90%的学术上站不住脚、民主意义上又不被人接受、但作为传统观点存在的公共行政的教条。接下来，在第二次扫荡中，又把他们视为传统观点最有力的竞争对手的构成主义（是他们的称呼，不是我的）、社群主义等抛在一边。接下来，没有忘记再打一拳，他们莽撞地跑去建了一个基于批判理论、现象学和结构化理论之上的、所谓构成主义的新的理论立场，在这

一学术平台上，他们建立了一个公共行政的“话语”理论。同时，我们的老朋友和
x 敌人——官僚制，通过一种令人惊叹的、具有协调性的设想，在“公共能量场”中获得了重新的定位。

他们大胆得简直令人难以想象，每次我看这本书的手稿时，就像开我的车一样。我们这一领域已经经历了一个多世纪，上帝知道我们需要激发：那么，这就是！但是，福克斯和米勒的大胆还有第二种价值：他们对那些教条和哲学观点的贬抑和褒扬是可以自圆其说的。我已经很少看到这一领域有关认识论和本体论的论题被阐述得如此严谨。人们在读这本书的时候，被震撼、警醒，同时也被教育。读者们好像是以日本“新干线列车”的速度做了一次智力旅行，从有关人类认识的真知灼见的假设开始，到现代主义的元叙事的物化，再到后现代主义的新部落的超现实。这条路上的布景被描述得富有戏剧性，紧凑、精辟，甚至有点像简洁有力的诗，又有点像我们过去在新闻报纸上看到的国内精彩体育报道。一旦你进入第1章时，就要打起精神！

之所以说这本书代表了目前公共行政思想的最高水平，另外一个原因是它的“唯心主义”。我在这里用这个词语，当然不是用它本体论的哲学含义，而是表示真正的民主和真正的交流这样的术语的潜在含义。福克斯和米勒旗开得胜，与其说是严格地研究了公共政策的制定，不如说他们展现了一种对于“金字招牌”的制度医疗的民粹主义蔑视，而且他们提倡建立真实的、真诚的、诚实的、坦诚的公共政策对话。你的价值观变得相当守旧了。

这种对民主、平等和自由政体等基本的道德准则的浓厚兴趣和献身精神，对我们这个领域来说既不是激进的，也并非不同寻常。公共行政总是体现着道德的内容。虽然大多数学院派的规矩是崇尚客观、中立，从乱糟糟的世界逃开，但我们的研究和教学从来不这样，我们总是关注这个世界的状况，从进步主义（Progressivist）开始，到中世纪流露的反极权主义，再到新公共行政，以及当代对于性别和少数民族的争论，公民权利、公共利益的目标、贫困计划和一大堆类似的问题。甚至好战的福克斯和米勒也避开这个领域内的大多数理论的上层结构，他们对于传统很好奇，因为他们有这样的习惯：不仅仅关心什么是真的，什么是假的，更关心什么是对的，什么是错的。

xi 当你读过了这些令人激动的篇章，你会发现对所谓“权威”或绝对、普遍的基础主义产生了一种厌恶甚至是蔑视。换句话说，这里没有最后的对和错。这一说法，成了我们的作者急切想超越的或后现代主义偶然超越的公理。基于这一观点，他们不但非难黑堡学派的沉思，还指责公民参政的社群主义为教条。它宣称，建立在它们之上的那些派别，有关陷入了主导的元叙事的结构化的物化的象征意义——在某种情形下是制度基础的神圣化，在其他情形下是社区精英主义的提炼。我们被告知，构成主义者比起社群主义者，唯一的优势在于虽然后者散落在全国各地，但是前者全部生活在黑堡，因此能建立起更加完整的主张。

来自弗吉尼亚技术协会的我们会很高兴接受任何表扬。我这样做，代表我同事的利益，不管我们的态度是否有价值，我在这里并不想奋起还击。在这里并不适合

解释我们的宣言，或讨论宪法在美国公共行政管理中的作用。然而，我会运用为这本好书作序的特权简单地声明：我觉得任何人都不必因为说出了美国公共领域潜在的规范而道歉，无论它是否冲击了最近已知的和存在的“精巧的”理论。进一步说，我认为，假如一个人的想法系统恰好和另一些公民的想法一样，既不用自卑，也不必有优越感。尽管有时我不得不屈服于主导的元叙事，但是我的公共价值仍然包括自由言论、诚实选举和法律权威。可能民族关系、兄弟关系，作为超越内部主观现实的东西，是大家共同生活的世界的一种不坏的方式。

简而言之，无论理论上是否有渊源，或仅出于偏好，有目的的信仰对人来说是不可或缺的。权威普遍性的感觉，还没有推动我们去从事日常生活和工作的内部推动力那么重要。我们作为私人个体或公共行政人员的信仰系统是否“真实”还不如它们是“我们的”这么重要。

福克斯和米勒通过在吉登斯的结构化理论之下建立现实的构架，真正地确立了他们自己的这一相对主义的立场。如果有人问起，我敢保证，他们会承认自己的信仰也来源于建立好的现实系统。事实上，我们的作者比我们大多数作构建的人更努力。总的来说，我认为形成理想的公共行政的看法的价值观是非常好的，尽管并不 xii
一定是非常有效的。

从这种意义上讲，福克斯和米勒不仅是“正确的”，他们更想提出一些有用的建议。这是我被他们的书吸引的另一个原因。不像流行的对现代主义的批判——解构主义和后现代主义——福克斯和米勒不仅玩“法国学术”。也就是说，他们并不是将整个下午都消磨在林荫大道上喝热咖啡，而对人类环境的不可逆转的毁坏无动于衷；相反，我们的作者，几乎焦躁不安。他们认识到自己发展了一种公共行政的新的话语理论，这种理论具有建设性，并且在提高公共行政的民主化和公共政策的质量方面迈出了积极的一步。当他们把它放到雄辩的篇章中时，他们有助产士的灵感而不是葬礼的司仪。再说一遍，我们的作者代表了公共行政对话的最高水平。他们这本书不仅激动人心且意味深远，它要求我们提高道德水准，做一些有助于改善人类前景的事。

事实上，我真诚地希望这本书不只是要求博士生必读的，有激励意义的论文。我个人认为，假如有好名声的金字招牌机构的支持，沿着他们提出的路线改良话语理论，将是在正确的方向上更进一步。同时，他们认为愚蠢的“民主反馈”不会轻易消失，在我看来也不应该消失。只有在大家都认同了游戏规则，选出了领导——不计前嫌——瓦解了政体，只有在这样的背景下，话语理论才能运作。进一步，就像福克斯和米勒所承认的那样，他们的发散型模型不可能自己进行公共服务。公共能量场可以做一些平凡的工作，像冬天清扫城市的大街，夏天护卫公共的公园。最好，两位作者同意，新的发散标准成为行动者们日常生活的背景而不是活动的前沿。

他们对实践运用的关注不是没有启示，因为公共行政理论领域最近有一种倾向：进入它自己的对话世界，而与政策和实践相脱离。渐渐地，理论家和实践者就用不同的语言和方式谈论不同的问题。福克斯和米勒提醒我们，文明的历史充满了

xiii 超越日常生活的抽象。我们不同意发生在公共收集行为领域的事——也就是，属于市民，通过市民，为了市民。这里，事不关己不是一种无害的好奇，而是对公共福利专注努力蚕食。

我零散的表达和回应已经足够多了，现在是你们读者的时间了，你们来乘上这趟智力的列车，形成你们自己的表达和回应。我希望你们像我一样，旅行愉快。通过积极地聆听福克斯和米勒的术语，通过用你自己的思想和语言诚实地回应，为作者衷心希望的话语理论做出你的贡献。

查尔斯·T·古德塞尔

(Charles T. Goodsell)

前言

xiv 我们的目的是想依据后现代的状况改变思考公共政策与行政的方向。我们坚持认为，这一状况在治理领域可以通过一系列近似真实的话语来加以改良。这不仅仅是扩展性的调整，它需要我们大胆地偏离已经过时的轨道，许多为人所珍爱的前提性假设将被揭穿。我们不期待取悦所有的读者。而且，依据话语的精神，我们保留认同那些不同意我们的表述的人的权利。

在本书的论述中，我们指出，美国民主代表制既非代表的，亦非民主的。主权意志还未形成。由于缺乏主权合法性，自上而下的官僚规制不过是一种专制。更糟的是，我们所描述的后现代状况削弱了文化在共享现实中的任何强有力的基础，而人民的主权必须在此基础上重新论定。逐渐地，我们拥塞在无经验指涉的符号中。

在这些沉思都有效的意义上说，所有想巩固政府治理机器的建议都是无效的。它曾经处理的材料被耗尽了，没有哪一剩余的部分是有用的，而生产它的公司在 20 世纪 50 年代中期就已破产了。对它的怀旧只会延误相互提问的需要：我们接下来该做什么？

根据对后现代性的治理的这一分析，我们提出了一个规范的过程理论。我们必须放弃等级官僚制，没有一个合法的民主输入能自上层赋予它的力量。我们要走向一种话语，一种内在的民主的意愿形成结构。现在，摒弃官僚制决非一件轻而易举的事。我

xv 们的任务就是要把它的超越理论化。这转而需要一堆概念工具，其中有些是借来的，有些是为了眼下的任务重新改造的。我们称这套工具是构成主义的。工具的启用是为了破除已经生锈的机器和由它组成的建制部分。一旦“官僚制”和“制度”被认为是物化的，就是说，一旦我们承认偶然的人类行为被错误地客体化为不可改变的自然力，那么，诸代理、机构、官僚制以及与这些公民机制不同的东西之间顽固的边界线就具有渗透性。我们没有把政策和行政过程看做是封闭的机构之间的一系列权力交易，而是提出要把能量场理论化。公共能量场是由各种灵活的、民主的、话语性的社会形态构成的。在这方面，我们力图肯定当代新生的话语形态，如政策网络、机构间特别工作组和财团、协商性调节机构等等。在本书第 5 章“话语的正当性”中，我们提出了一个模式（基于哈贝马斯的理想言谈话语），通过这一模式，这些形态就可以判定为是民主制的、倾向于民主制的或可能是错误的。

在主流之外进行理论化的一个负面影响是需要调用使其得以被理解但我们心目中的读者即公共行政人员可能不熟悉的概念和语言。实际上，我们第一次使用的许多概念和语言似乎也是我们这本书要涉及的文献所不熟悉的。我们使用的许多概念“移植”自当代哲学，尽管我们渴望对它们做精确的、严密的和详尽的揭示与改进，但阅读这本书仍需要读者有一定的耐心。我们必须为此提前向你道谢；同时我们也希望这能对你有所裨益。我们尽量使这本书写得有趣，但我们又是严肃的。正如杜利（Dooley）先生所说：“后现代政治不是大豆袋”。

必须提醒的是，公共行政领域的其他许多人一直在探究这些类似的主题。在一年一度的公共行政理论年会上激活讨论的思想家们是我们最需要感谢的。实际上，这本书就是对真实话语的那种考验。另外，我们得感谢：M. 哈蒙（M. Harmon），是他第一个对前摄性公共行政给予了充分的理论论证；S. 奥弗曼（S. Overman），是他把混沌理论看做是一个决定性的设想，并向我们证明了一个更好的物理学隐喻，亦即量子理论；D. 沃尔多（D. Waldo），他最为清晰地阐述了传统理论的持久性；G. 瓦姆斯利（G. Wamsly），他的关于面对“铁三角”的偏见时政策亚系统的
xvi 著作有助于我们认识话语参与的生命力，并为我们的话语理论提供了一个参照。其他从各个不同方面影响本书结构的人有 G. 亚当斯、M. T. 贝利、B. 卡特伦、C. 科克伦、R. 格林、B. 哈蒙德、R. 赫梅尔、B. 卡斯、H. 凯、L. 卢顿、F. 马里尼、S. 奥特、M. 帕伦迪、D. 斯努克、C. 斯蒂弗斯和 D. 亚诺（G. Adams，M. T. Bailey，B. Catron，C. Cochran，R. Green，B. Hammond，R. Hummel，B. Kass，H. Kaye，L. Luton，F. Marini，S. Ott，M. Parenti，D. Snook，C. Stivers and D. Yanow）。我们尤其需要感谢 C. 古德赛尔，并且这不只是因为他为本书写了序言。只要与他交谈，你就知道他实际上不只是公共行政领域的专家——他是这一领域的明星人物，他是公共空间敏锐的观察者，同时还是一个优雅的倾听者。在古德赛尔教授身边的这许多时日，使我们学到了许多东西。

作者在前言中总想把事情做得更聪明一些，我们认为，尽管我们做了最大的努力，但错误在所难免，我们将对此负全责。不过，这并不是事实。上面所说的以及

我们所忽视的许多东西总是会说："就让它过去吧"。我们亦不例外。

我们要将本书献给丘克的儿子哈罗德·福克斯以及休的母亲伊芙林·米勒。

查尔斯·J·福克斯
休·T·米勒

目 录

第1篇 批 判

第2篇　话语理论

第1篇

批判

第 1 章 民主治理的新途径

3 作为一种可以接受的治理模式，传统的治理已经死亡。传统的治理模式（Waldo，1948）是中立的公共行政永久的处方，后者应归功于威尔逊（Wilson）（政治与治理相分离）、泰勒（Taylor）（科学管理）及韦伯（Weber）（层级控制）。传统的治理模式——第二次世界大战前后的几十年是其发展的巅峰时期——在当代哲学家眼中是那个时期的高级现代主义的表现。我们指的这个时期是工业经济趋于成熟，文化和政治上的专家治国论与选举模式的程序民主制的意识形态流行的那 25 年，有时人们又称这个时期是“美国的世纪”。它大约在越南战争的形势恶化之前。

从那以后，传统的治理模式被批驳得体无完肤。政策条文中——不只是实施过程中——明确规定的管理者曾行使的明确无误的裁量权是对威尔逊的二分法的嘲讽。泰勒主义遭到至少三代以上的研究社会关系的社会心理学家的猛烈攻击。将政治冲突上升到技术理性的领域只是偶尔会有成效。严格的权力等级链（在韦伯那里只是一个理想的模型）受到了当代日本管理的发展、TQM（total quality management，全面质量管理）运动、“重建政府”的潮流以及权力转移以便雇员也能够参与到决策中来的提议的挑战。

尽管传统治理模式已经死亡，尽管学术界不停地为其举行送葬仪式，但其灵魂仍徘徊于公共行政研究的上空，并在所有的管理理论方面以及在几乎每一个实际的公共机构中都能看到它的影
4 子。现在，传统治理模式拥有了使神话合法化的身份。它是所有

主流的改革行为的假定背景。传统治理模式的惯性力量就是它的合法性，但这一合法性乃是来源于渴望确定性与组织性的怀旧之情。传统治理模式的残余决定着学院课程的模式和排序，还有诸如公共服务改革以及业绩评估这样的人事实践。到目前为止，改革的努力不是试图超越传统的治理模式，而是使其复活。

很独特的是，公共行政领域处于两者之间：一方面是来自政治学、哲学、经济学、组织理论、社会学和社会心理学方面的理论探索；另一方面则是日常事务的管理。公共行政的学术研究正好就处于埋葬传统的理论和提供它的替代品之间。因为学院派的公共行政者们感到自己介于实践和理论之间——我们有责任教育管理者——我们熟知传统治理模式的弊病。我们怀有模式恐惧症，而这一恐惧又会激起对理论创新的尝试。

在公共行政领域，传统理论的两种替代模式正竞相取代之：（1）宪政主义或新制度主义；（2）社群主义或公民主义。在本书中，我们将提出第三种，即话语理论。因此，这本书雄心勃勃地想与其他一些新生的团体（思想尚未成熟的学派）一同宣告传统治理理论的灭亡，并且也会说明为什么宪政主义与社群主义不如我们所提出的话语理论那样令人满意。简而言之，我们的论点是，后两者都涉及将公共行政合法化的问题。宪政主义者会问：什么东西——除了立法机关的法律之外——能证明我们的行为是合理的？而社群主义者则关注将一种新的主权合法化，这一主权不是立法机关的，而是公民自己的。他们会问：我们——除了立法机关的法律之外——怎样才能为我们的行为找到合理性的根据？而恰恰相反，我们关注的更多的是政策而不是合法性。我们的写作依据的背景是这样一个更为重要问题：我们下一步该做什么？

1.1 概　述

1.1.1 传统及其替代

我们的论题包含有许多挑战主流假设的有争议的因素。虽然我们论证的结果是令人满意的，但开始时还是应该存疑的。我们声明，那种民主代表负责制的反馈循环民主模式并不是在任何一种所谓的民主政治下都能起作用的。程序民主理论——
5 它开始于个人倾向，然后集中于大众意愿，由立法机构编纂成法典，再由各级官僚机构来实施，最后由专门的选民进行评估——缺少可信性。这种反馈模式不仅从整个过程上看缺乏可信性，并且它的每一阶段的运作都不像传统理论所描述的那样有效。声名狼藉的政治—行政二分法的政治方面并不能有机地服务于民主。那种试图通过精确阐明的规则约束政府职能者的行为来实现民众主权的愿望因反馈循环的失调而被引入歧途。这对于基层的人们来说，也是非民主的。况且，详尽阐述的规则并不能制约管理活动。宣传的规则越多，管理者越需要在这些规则中特别地选择一个系列。

尽管传统理论的很多毒瘤都来源于那种环式民主，但改革的努力仍肯定该循环的有效性，并反而将官僚制拿来做替罪羊。在一些典型的欺诈事件和权谋中，选举官员的渎职和玩忽职守（如“水门事件”）引发了象征性的亡羊补牢式的职业道德重建和公共服务改革。在道德转换时期所颁布的法规，在“水门事件”过后的岁月里，只不过是对官僚机构的从业人员强加的又一整套规范性法规，在预防接下来的“伊朗门事件”以及“基廷五人”储蓄贷款丑闻（Keating savings and loan scandal）过程中当然是无效的。道德重建是用来强化环式民主模式的。当有人不停地提醒我们“系统有效运行”时，反馈循环早已经被这些丑闻弄得更加没有信誉了。类似地，在管理人员系统内部，由于政治家为了将官僚机构控制在手中，而强加一些标准，如政绩评估等，导致了政治体制的失效，正是这些政治家们的渎职导致了立法的危机，而公共服务改革则是对这些危机的弥补。由于从业的公务员被拿来做替罪羊，20 世纪 70 年代民主怪圈的恶性循环，到 80 年代达到了高峰。

这一不协调的声音引起了学术界对前摄式管理的辩护，如《黑堡宣言》，其详尽的宪法式论证试图表明：非选举产生的公务员首先要对宪法负责，其次才对选举的和政治任命的现行在任官员负责。这一观点是抛向在水中挣扎的官僚机构的救生圈，也是传统的环式民主令人耳目一新的、具有创意的替代品。尽管宣言具有这些 6
优点，但它忽略了公共行政模式想要寻找替代品的要求。在环式民主中的被选举者和黯然承受这一规则的公众都不会被这些维护宪法的说教所说服。这是将公共行政合法化的较为软弱无力的尝试，其策略包括承袭与传统的、进步论的公共行政有联系的官僚体制病理学。而我们认为这种方式已无法服务于后现代的管理。

这种环式民主也导致了社群主义这一替代物的出现，这种管理方式通过直接与公民接触而打破了环式民主的结构，公民参与、公民主义以及公共行政文化中的类似倾向代表了取代传统治理模式的一个强有力的竞争者。这些努力的主要力量在于，它们是哲学社群主义在公共行政方面的表现，是一种包含了根植于古代、中世纪和后现代思想的极具说服力的本体论、认识论和宇宙论思想的政治观。对于社群主义者来说，民主不仅是一个程序上的纠纷解决方式。公民需要参与到与他们的生活息息相关的决策的制定中来，因为这是完全从人的角度出发的社群主义目的论的一个重要方面。但从当前的情况看来，社群主义的理想遥不可及，不具有可操作性。笔者吸纳了社群主义理想的许多方面，从这一角度讲，我们可谓是社群主义者。尽管如此，部分地鉴于后现代状况下社群主义的理想无法实现这一评价，我们需要肯定话语理论的必要性。问题不仅在于公民参与会消耗掉许多晚上与周末的时间，也不仅在于公民的“虚假意识”——尽管这是其中的部分难题。“社区”无法细致入微到能够既解决公共问题又解决个人问题。

1.1.2　后现代问题

我们这本书主要关注的是政治话语；公共政策对话因那些油腔滑调的、虚假的、哗众取宠的形象而变得黯然失色。让我们以后现代的思维方式来看待这一问题。后现代思想已经从概念上对公共意识的某些棘手问题进行了理论化，我们认为，这些问题已经影响了国家的健康。后现代主义者形成了一套最为完备的专业术语来帮助我们了解公共生活的这一方面。我们将说服读者来适应这些术语，因为现代主义的普通语言在这一方面并不能起作用。在更大的文化和社会背景中的各种趋
7 势——会聚在后现代主义和后现代性的范畴之下——应该被考虑进来，以替代传统的治理模式。特别明显的是我们所谓的“现实”的隐退和超现实的产生。这一术语常用来意指符号和语言正逐渐疏远更为真实的话语社群。

绝大多数被看成是公共对话的东西根本不是这么回事。由于交流失去了对对话所提供的真实性的检查，公共对话衰败了。日常用语——比如淡啤“味道好极了”——不会引起什么异议，因为话语的媒介是独白性的。同样值得一提的是公共对话中提出的这样或那样愚蠢的、微不足道的种种诉求。更糟糕的是，在超现实的情况下，词语失去了表示意义的能力，而成为了自我指涉，即只是在较为狭窄的语境中它才是有意义的，这一语境或者是并非被所有人共享，或者是稍纵即逝的，超出了那一时刻，就没有什么可回味的。在啤酒生意中，“争议”是可预见的，我们剩下的就是思考淡啤是供不应求还是味道好极了。因为这一信息是自我指涉的，存在于自我指涉（以及独白）的话语之外的明显选项并未显示出来：会产生胃胀或是味道极坏。由于这样一种独白式的平淡用语主导着媒体，使宏观文化——遍及全国并跨越不同年代、阶级、种族、语言和性别的文化——日趋没落。更浓重的、更有活力的社区话语发展起来了，但只是存在于飞地中或亚文化群中（新部落主义的趋势）。

这两个辩证地联系在一起的趋势——日趋没落的宏观文化和强劲的亚文化群——使得民主意愿的形成和政策话语越来越棘手。这反而会导致一种伪政治，在那里，野心勃勃的政治家专于抽象的政治符号假象而非业绩。而这一伪政治则阻碍了实质性的政策制定。无论是出于计划还是偶然，这种发展都是极为保守的，只有那些既得利益者表示欢迎。后现代意识的碎片化和新部落主义——已经关注于超现实的媒体形象——使得任何形式的管理都变得困难。因此，后现代状况将会：(1) 进一步强化传统的循环模式与民主理想之间本已微弱的联系；(2) 使得宪政主义成为一个不可能合法化的策略；(3) 阻碍公民社区的发展，而后者正是社群主义管理的前提。

所以，我们要找到一种新的框架，一方面，它能承受后现代的状况，另一方面，能提出与民主理想相一致的主张。我们得从基础的建立开始。我们认真选择自己的理论支柱，以避免陷进我们已经认定的后现代陷阱。

1.1.3 话语理论的理论基础

8 理论前提制约着理解事物的方式。例如，如果没有类似“因果决定论”和“效用最大化的理性人”这样的假设，命令—控制型的官僚制将是无稽之谈。这些基础的假设和前提决定着我们的理解、基于理解产生的诉求以及由此而设想的行为的可

能性。我们发现，在大多数公共行为的理论研究领域带有偏见的基础假设导致了当前还在继续的认知危机。这场危机已持续了几十年，并在后现代状况下愈演愈烈。

尤其是，有太多的假设是依据流行的本体论——有太多的假设是有关人的理性本质，有关具体的组织和制度，有关组织目标的一致性，以及形成公共行政思想的关键概念和变量的可靠性等。我们想尽可能从这些假设往回看，甚至再进一步，承认“现实”本身既不是具体的，也不是客观的，而是被人们构架的，因此具有可调整性。[1]在从这些基本假设往回看的过程中，我们渐渐明白：许多我们在日常话语中不加鉴别地运用的范畴是**物化**的。也就是说，是一些社会地形成的范畴，它们对于“客观实在”世界“以外”存在着的事物来说是不适宜的。那些物化的范畴（被人类创造者）不适当地赋予了自足性和非人性力量，并被认为独立于人类社会的互动而存在。

官僚制就是这样的一个例子。我们经常谈到“组织目标”，好像这些目标是和特殊社会群体的目标分离的，因此具有某种特权。各种类型的公共机构、私营公司、官僚组织被认为具有“行为”，像我们人一样拥有渴望、欲求和需要。法官们甚至给了公司自由言论的权利，好像它们是真的公民！对于这些看不到，但又似乎有点真实的制度结构，我们能做出什么样的判断？安东尼·吉登斯（Anthony Giddens）的结构化理论在这儿能帮上大忙。他在谈到社会进程中的制度问题时，认为这一概念不仅能使我们避免制度的物化，而且能使我们意识到社会结构对于我们行为可能性的制约。吉登斯指出，官僚制是可重复的实践的结构化，是一套按规则规定的方式运行的社会习惯和社会实践形式。官僚制不过是一些社会习惯和社会结 9
构，用吉登斯的术语，就是**重复性的实践**。这种组织观——它认为组织是社会结构而不是具体存在物——也来自皮特·L·伯杰和托马斯·勒克曼（Peter L. Berger and Thomas Luckmann）的《现实的社会结构》（1966）。这本书非常有用地提醒人们：人类积极参与范畴的创建是为了描述我们对于整个世界的认识。为了避免物化社会地结构的范畴，我们以莫里斯·梅洛-庞蒂（Maurice Merleau-Ponty）作为向导，一个假设接着一个假设，直到我们到达前范畴的生物界。

我们在后面会解释梅洛-庞蒂现象学的显著特征。但两个概念在现在这篇介绍性的概述中就有直接的用处。第一个概念是**情境**。当我们集中注意力时，我们必定是将注意力集中在某个事物上。无论何时，我们的注意力被吸引总有一个情境。当我们解决一个问题时，我们是在特定语境下的特定情境中解决一个特殊问题。假如我们能为在某个情境下的思考提供充分的理由，我们就能抵制后现代的分离的、象征性的超现实倾向，这一倾向没有真实的情境作为其所指。情境能再次把我们的符号和大地联系在一起。梅洛-庞蒂提出的第二个概念是**意向性**。当面对一个情境时，我们很少只是满足于消极观察，而是会想要行动。理解是为了行动。我们带着意向性到情境中，同时，情境负载着实现目的和不能实现目的的可能性。意向性是一个非常有用的概念，因为它为我们理解公共政策话语作好了准备，在那里，参与者不仅是要理解情境，而且还要采取相应的行动。

接着，通过量子物理学的帮助，我们学会了从我们的原子主义的存在物——理性的个体和官僚化的组织中脱离出来。研究量子力学的物理学家能够克服原子约束力的影响，同样，公共行政学者也能开辟一片理论上的新天地。

我们的本体论基础发生了根本性的变化。我们大胆地宣称：在公共行政的研究中，官僚制不再是主导论题。我们寻求一种考察公共行政的新方法，这种新方法的前提是一系列不确定的现象学要素的集合，我们称之为公共能量场。

在这一点上，我们利用的是库特·卢因（Kurt Lewin）的场理论，并用现象学的手法对其进行了改造。场是作用于情境的力的复合。场的结构并不遵循固定的公式，而是取决于生物界正在发生的事。我们界定的公共政策只是那些包含了公众关心的事，同时又具有活力和能量的场。能量一词意味着：场中有足够的目标和意
10 图，这些目标和意图使人们被吸引、被激动、被改变。

场和建立在层级控制模式前提上的官僚化组织显著不同。对于诸如官僚制、组织化等概念所意指的结构的关注，可以看做是对非规则、存在于外部的、可能的骚乱力量的排斥。完全承认情境及其力场可能是不幸的，因为尽管有时这些力量可以预见到，但并非可控制的。场并不构建控制目标的界线，相反，情境（或跨越了时空的相关情境的集合）有它自己的一套约束机制和机遇。

公共能量场是表演社会话语的场所；公共政策在这里制定和修订。现在，假设公共政策产生于公共话语的能量场，并且假设我们关心民主政体，我们就不得不深思：是否有一种方法能使这一话语民主政体成为可能？

1.1.4 话语的正当性

话语的准入应该是免费的。这种开放性显然区别于最初的限制状态。在循环模式的影响下——在那里，政策是立法机关批准的，其中掺杂着有钱的特殊利益群体——目标的达成和政策的制定都有可能是为了有钱人、有良好组织的人以及那些为竞选提供基金、买了媒体时间段的特殊利益集团的利益。拥有社会权力的人能确保特定阶层的人被排除在讨论之外，剥夺了他们对事件提出不同看法的权利。由于各种原因被排除在辩论之外的人们对他们的诉求的价值无能为力。在那些被排除的人中，也有处于传统标准下的公共行政人员。那些包括了不再受体制限制的公共行政人员在内的、有真正诉求的人们在公众对话中应该能证明其诉求的合理性。不再受体制限制的公共行政管理人员是群众的一部分。

因为行动而不是事实才能对决策最终发挥作用，因此话语天然地是政治的。正如德博拉·斯通（Deborah Stone）指出的，政策分析是策略性的巧妙说服的艺术，政策论证的这种呈现就发生在进行着的重复性实践的语境中——通常主张一些社会制度需要调整、改变甚至重新制定。随之而来的斗争是在某一环境中为获得意义的
11 斗争，在这里，没有一个意义先天地是真的或者说是本体论地确定的。意义就是为了被获得而确立的。

由于意义是为了被获得而确立的，因此提出似是而非的证明的意图十分强烈。有些虚假的陈述也许能提供我们想得到的东西。但虚假浮夸像病毒一样，是会传染

的。为什么要费劲地提出一个所有的言论都虚伪而不真实的话语呢？因此我们提议应该把持某些行为方式的人从游戏中去掉，理由是：假如话语对每一人来说是有损的，那么大众意愿形成的可能性就很小。为了维持话语，我们剩下的人不应再听那些发表虚妄言论的人的谈话。这些人于是就会失去他们谈论的资格。

我们借用尤根·哈贝马斯（Jürgen Habermas）的理想交谈、交流能力以及话语补正理论来完善民主的和真实的政策话语。哈贝马斯的真实交谈行为理论所设想的交谈须具备：交谈者的真诚、表达的清晰、表达内容的准确以及言论与讨论语境的相关性。假如以上任何一点受到质疑，交谈者可通过解释更深和更高层次的原则——它们能证明言谈行为的真实性（或相反，承认自己开了个玩笑并收回所说的话）——来进行话语补救。我们采取这一交谈标准的理论并把它应用于政策话语。

当我们进入汉娜·阿伦特（Hannah Arendt）的对抗性的紧张关系的观点时，我们便跳出了哈贝马斯的模型。在话语中，我们期望着意义之战，我们期望着争辩、论证、反驳，而不是和谐的异口同声。因为参与者要决定下一步做什么。但在这样的话语中，规则是必需的。我们提倡真诚、切合情境的意向性、参与意愿以及实质性的贡献，这些是话语的正当性的条件。

言说者的诚挚意味着在公众集会上所作的声明是真诚的、热情的、诚实的和真实的。许多论辩技巧缺少这些特质，我们描述了引用过的几个例子。切合情境的意向性是话语的第二个通行证。这个条件保证了话语是针对特定事件、特定语境下的行为。具有切合情境的意向性的说话者会考虑问题的语境、受影响的人群以及公众利益。再者，自主参与的谈话者会更留意对话，就仿佛对话已经发生并能自动提供给他们参与的机会（他们既不感到受压制也不会无动于衷）。最后，实质性的贡献 12
这一条件使参与者免于容忍跑题者和傻瓜们。实质性贡献的形式不可能事先就被规定好，但通常包括一些分析或综合能力。分享的相关经验来源于情境的角度，而数据分析来源于专业知识。

每一个人都有假定的参与对话的权利，并且参与资格是自由地可获得的。但是当人们思考社会行为时，就形成了规范。因此那些违背了基本结构规则的人就会丧失基本的进入条件。我们并不想剥夺那些想讲假话的人自由说话的权利，但我们可以拒绝像对待真话一样认真对待这些言论。我们相信，一个真实的话语，是容不下撒谎者、骗子、傻瓜、自我放任者以及道德上的利己主义者的。下面是非常重要、决不能被故意的虚假言论玷污的重要问题。

我们已经提出了我们的话语理论，下一步任务就是证明它的真实准确性。我们所说的公共政策话语的正当性能被找到吗？

1.1.5　话语理论的初始形式

我们考察了一些声称是民主的、话语性的案例材料，由于话语的条件而衍生出的象征意义也得到了发展。这种象征意义可以作为检验方法或例子是否民主的办法。我们首先建立起一种分类，在这种分类中，话语更像是精英支配的少数人的统治（少数人的对话），这和另一种类别：无政府的表现主义（多数人的对话）明显区别开来。当以话语的真实性作为标准来衡量的时候，这两种类别都不够令人满意。然而，已经持续了一段时间的多数人的对话开始发展结构性和一致性，并发展成为类似我们希望找到的那种真实的话语，我们把那种对话称为一些人的对话。

一些人对话的话语理论描述了那种在公共政策著作中作为政策网络被确认的初始结构。在许多公共政策网络中，真实对话的原则是非常明显的。公共行政管理人员、来自产业群体的政策专家、相关利益群体、法律专家，以及其他各种各样的公民都想弄清楚一种状况，进一步来说，他们想尽量弄清楚这种状况来作为行动的先导的理由——这是一个开放性的问题，这个问题是：下一步该做什么——来使参与者充满活力，使他们能够互动，创造出奇迹和可能的变化。

13 像这样的政策网络并不总是模型的完美运用。强有力的参与者经常可以排除那些不那么有力的参与者；有时候，动机不是别的而是自利；很多政策建议仅仅是自我扩张的伎俩；提出的主张也不一定是真诚的。但是话语理论提出了一套标准，这套标准可以用来判断政策话语的真实性，我们希望鼓励一些能够发布真实的话语，暴露不真实的话语的讨论会，那些不真实的话语要么走向独裁统治的极端，要么则走向无政府的另一个极端。这些发现并非总是令人振奋。

但是我们并不认为话语性的民主的可能性在此没有真正地表露出来。大众感兴趣的是制度、计划、先验性的话语理论能为公共行政提供可行的模型。我们发现，一些政策网络、紧密连接的团体，以及社区特别小组都迫使话语展现它的潜力。在这些初级的形式中，我们发现，专家、政策分析员、公共行政人员、利益相关的公民、程序全才，以及其他参与者共同来筹划下一步该做什么。这就是有意义的、切合情境的话语理论发生的语境。

考虑到后现代的状况，真实的话语是民主化管理理论最好的期待。话语理论是一个准确的模型，因为它妙算到了能被观察到的时间，并且也因为它提供了判断真实话语的标准。和社群主义理想相比，话语理论是一种“弱”形式的民主，但是不像社群主义，我们不会被责备强迫人们为了他们自己的利益而追求自由。我们对话语理论并不完全满意，因为它没有包含社群主义所包含的那些“强”民主的方面。话语理论设想了一个所有人的民主，但是只有那些投身于公共事务的人会参与它。所有人，包括公共行政人员，只要接受了授权给他们的真实参与和代表的责任，就可以用他们的参与来加强民主。

注　释

[1] 我们习惯上总要给**现实**一词加引号，以避免陷入本体论的争论。这里的关键不在于确定“现实”是否如我们所理解的，是独立于人类向自己的感觉环境以及人类通过姿势和符号相互交流的感官提出的问题而存在的。

第 2 章

传统及其替代

在公共行政领域，随着传统治理模式的消亡，它的两个替代品应运而生：(1) 新制度主义或宪政主义；(2) 社群主义或公民主义。在本书中，我们将提出第三种，即话语理论。现在，这三种替代性的模式都被看做是裁量论的（Fox and Cochran，1990）。也就是说，它们是代表公众的利益而提出的一种前摄性的公共行政模式。治理的裁量权反过来正如我们所了解的，或明或暗地是基于对民主代表制的不信任［亚当斯、鲍尔曼、多比尔和斯蒂弗斯（Adams，Bowerman，Dolbeare and Stivers，1990）又称之为弱势民主；莫舍（Mosher，1982）又称之为空头民主和单边民主］。所有的裁量论观点都意味着对当代政治权威的蔑视。[1]尽管裁量论并不理会政治与行政的相分离，但它们还是残留有那些无意义的争吵、不真实的立场以及因为党派政治而产生的隔阂。这一倾向可以通过这一章第一节要作的论述得到证明：这是对我们尽管不优雅但却形象地称做“民主代表负责制的反馈循环的民主模式”和它必然导致的对法规的依从的一次简单预演。第二节，尽管美国政府管理中有这些明显的漏洞，大多数改革的呼声还是预先假定了环式民主的功效。对从业的公务员的职业道德重建和人事制度的改革就体现了这一点。最为人知的替代模式，如《黑堡宣言》中所体现出的宪政主义与新制度主义，是第三节的主题。这一裁量论思想的主题与前两节的论述是一致的，且事实上是对与职业道德重建和人事制度改革相联系的官僚机构的重大举措的一个回应。如果环式民主不能为公共意志提供

一个合情理的表达方式，管理者会到宪法中去寻求指导和合法性。我们在第三节的
15 结尾将证明宪政主义还无法完全脱离传统治理模式，因为它试图将现行的公共行政与它的弊端一起以宪法的形式合法化。在第四节中，更让我们欣喜的是社群主义倾向，它用管理者和公民的直接接触来替代环式民主。但是，通过采纳全部公民的意见，一方面将所有的问题都视为是公共政策问题，从而区别于古典的自由主义，另一方面，又包括了社群主义理想的建构者的意见在其中。在本章的第五节，我们将扼要地预示出我们的话语理论的必要性。

2.1 环式民主模式

人们普遍认为，在美国，人民拥有较大的主权，政策反映了他们的意愿，并认定政策是这样起作用的：

（1）民众对他们的需要和愿望了如指掌。

（2）入阁的候选人（或政党）——政治野心家——提供各种可选择的能以特定方式获得满足的需要和愿望。

（3）人民通过投票来选择看来最能满足他们的喜好的代表。

（4）获胜的政治家联盟颁布反映人们意愿的法律。

（5）较有觉悟的民众会对选举过程和结果加以关注，来判断哪些候选者可能获胜或是他们所需要的。

（6）如果他们对结果满意，他们会投在任者的票，如果他们对结果不满意，他们会选择新的候选人来满足他们的愿望。

尽管这不像人民可以制定、执行政策的直接民主（人民的和由人民所选举的政府）那样是纯粹的民主，但在复杂的大众社会中，上述的过程通常是我们所能采取的最好方式（Bachrach，1967）。尽管其他的模式也能对人民负责，但只是通过选票箱来起作用。选票箱象征着政治—行政二分法的政治方面。从管理的角度讲，是等级与权力链，它使得被选举的官员在执行人民的意愿的借口下，对非选举官员进行控制，因为是人民选举的，所以管理必须是中立的有伸缩性的工具，以便于那些体现人民意愿的被选举官员可以自主地做事，而人民则通过他们的所作所为来断定他们是否负责。

2.1.1 环式民主的神秘性

16 当代美国政治生活中的某些不令人愉快的事实让人们对选举民主制的责任循环模式提出了质疑（Parenti，1983；Pateman，1970）。具体来说：

（1）在很大程度上讲，人民的愿望和需要都被操纵了。并没有所谓的独立形态的大众意愿。新闻媒体，特别是电子媒体是广大人民获得信息的渠道，它们因受到操纵而更为关心娱乐、嬉戏以及兜售广告时间，而政治上传播信息的作用次之。

（2）参加职位竞选的候选人很少在提出一系列替代性政策的基础上进行竞争。形象比实质更重要，否定性的竞争以及对改革、旗帜和黑人种族主义等象征形式的利用，是今天这个国家的竞选艺术。参加选举班子、公共关系的领袖、广告顾问以及风格设计师比政策分析家更重要。

（3）理智地考虑，人们不会因为某一具体的政策而不投某一个候选人的票。大多数人根本不参加选举，即使他们参加了，这种狭隘的、胜者为王式的两党选举制在充分代表公民特殊的政策意愿方面，也只是一个极钝的工具（Duverger，1955；Page and Brody，1972；Prewitt，1970）。某一个政治家在整个国家面对的纷纭复杂的问题上所采取的华丽包装很少会完全代表某一特定投票人。对个别问题的表决进一步减少了这种可能性，即立法者的日常投票是受选举过程的规则刺激的。那些代表多方利益的人会通过废除或取消控制来达到他们的目的，而不是通过资金或实物支持。事实上，当选择经由我们选举制中二元的和中立的窄道强行通过时，要在一系列影响其生活的问题中完全反映民众的意见，从数学角度上看，是不可能的。

（4）在选举过后，政治野心家所结成的联盟更多地受到议会游说者和相关的利益团体的影响；这种压力团体体系是由政治家—野心家们的需要来支撑的，如为选举多做贡献，多说赞美之词，或为竞选提供良好的资金支持（Blumenthal，1980）。以政党为基础的选举也无法保证特定的政治立场。联盟会随时提出一些不连贯的政策，因为他们试图要随机应变以吸引立法上的多数。模糊两可的、自相矛盾的、令人困惑的指令会让官僚们苦不堪言，因为他们要策略性地寻找出**一种**对策来不偏不 17
倚地将它付诸实施。

（5）如果说自由的代价就是永远保持警戒，那就只有广播节目的主持人愿意付出这种代价了。通常，美国人并不知道他们的代表的名字，更不要提他们的政治立场和政策上的得失了。警戒是一个脱离语境来批判对手的 30 分钟的电视节目。

（6）即使公众对于国会的表现普遍都不满意，似乎也无关紧要，因为他们可以重新选举代表，任期有限制在选民中间引起了共鸣。

以上的几点是从全国范围的政治中概括出来的，但我们确信大多数的州和地方政治也适合这一结论。实际上，州和地方选举政治缺乏对某一具体的政策实施的竞争。议会选举主要的争夺焦点是谁最适合做“家长”。广大郊区的地方政府单位，不是被当地的经济实力派所掌控，就是已经被代表地产开发商的实际利益的各个派系所占据。

当然，我们并不想让人下这样的断言：因为环式结构在每一个连接点都有缺口，且选举政治与现实的政治活动相脱离，不过是一个形象标志，因此美国根本不存在什么民主责任制。我们的批判不应该走到那样的极端，我们只想重申，政治和公共政策总是受到各种不同的、来自多方的力量的影响，因而不是简单的环式民主责任就能说得清楚的。我们也想重申，除了上述提到的利己主义的影响，民主在政治—行政的分法（现在可以认为这是一种神秘的方法）中是双向流动的。罗伯特·达尔（Robert Dahl，1971）和查尔斯·林德布鲁姆（Charles Lindblom，1977）坚持将这一体系理解为**多头政治**而不是**民主**。

如果政策指令不是通过直接的渠道从民众到选举的官员，那么不正当的自上而下的指令结构又会怎样？这种命令—控制机制已被强加于公共行政的实践中，却被冠以治理人民的名义，但一旦环式民主失效或背叛了人民的利益，这种指令结构就会失去它的存在目的或理由。即使上述的分析只是部分地准确，人民在选举中也还是徒有虚名。因此，重申官僚责任制的资源——但不是在“环式”结构中去寻找——是我们的一项紧迫任务。

2.1.2 愚蠢的照章办事

18 古典的传统治理模式的持续魔力要归功于它逻辑上的严格一贯性。它是一个环环相扣的系统。正因为如此，当卡尔·弗里德里克（Carl Friedrich）在 1940 年提出判断的必要性的时候，赫尔曼·芬纳（Hermen Finer，1941/1972）反驳说，官僚政府的判断就等于是对民众的主权的剥夺。当官僚们独立行使政府权力的时候，他们也是在擅自界定公众的利益，而在芬纳看来，只有公众有权通过他们选举的代表（通过环式民主）这样做。由此可以得出这样的结论，非选举产生的官员应该严格受到制度、规章、标准的操作程序的铁笼的制约。我们已经看到了环式民主的缺点，但是，即使这样的民主模式完全得到贯彻，那些规章也不会像芬纳所希望的那样发挥作用。理由有四：（1）规章只会引起更多的规章；（2）语言的歧义性使其无法作为一个充足工具，来完全控制官僚的行为；（3）在大多数情况下，规章越多，对官僚行为的控制力就越小；（4）从外部产生的规章总是与偷换目标、敷衍了事、按规章办事这样的官僚弊病联系在一起的。

政策的制定者和官僚等级最顶端的执行者在病态的官僚体制中总是通过宣传规章来实施控制。当下属的行为与最初的预期不一致时，首长会下达更多的规章作为矫正。很快，规章之间相互矛盾，于是又需要长篇大论来解释规章，如此等等。但是，人类的发现漏洞的能力以及解释命令时一向过度地拘泥于字面的本领一向让管理者望尘莫及。苏格拉底说，“这类人的确是最有魅力的，制定法律……总以为这些法律能在某种程度上对不正当行为加以限制……且不知他们是九头水蛇，是难以除掉的祸害”（柏拉图：《理想国》，Book Ⅳ，426e，引自 Fox and Cochran，1990）。

暂且不说人的行为太复杂多变，要将其束缚在文字规范中几乎是不可能的。谨慎论证的细节，无论是全面的还是具体的，都是徒劳无功的。之所以会这样，主要是因为语言本身无法胜任这一任务。语言是建立在脸部表情和隐喻基础上的概括系统。它是对现实生活的抽象把握，充其量只能准确地描画出生活的轮廓，而不能复制出每一个起伏的细节，更不要说生物活动系统的细微变化了。语言有一种神奇的能力，能界定浮出表面的形象，但在这么做的时候，却不能同时将地表以下所有可能的地形没有矛盾地展现出来。

19 相应地，规则越多，实施者越需要选择某些特殊的方面予以关注。一个典型的范例就是在一个拥有 200 年约定俗成法例的社区中工作的交警。他时常因为处罚酒后驾车和盗车行为而忘了执行严禁行人随地吐痰的规定。在诸如福利资格调查这样的情形中，有关的法规、章程及对它们的解释是如此之多，因而对特殊的作业人员的个人怪癖必须放宽标准（Lipsky，1980）。事实上，福利政策总是从制度的一极跳到另一极（Moore，1987）。将规则应用到某一具体案例就意味着对该规则的解释和判断是无法确定的（Beiner，1983）。

最后——举个例子——正如在工作分析文献中所记载的那样，想确定地规定出该做什么的企图其实就是鼓励工作人员只做有具体规定的事，而忽略那些虽然不具体、但却对高效的工作绩效极为重要的方面。对于这一倾向，有几种广为流行的说法：偷换工作目标、敷衍了事、按章办事、反其道而行之（Fox，1991）。在这一过程中，雇员们对按照规则来奖励和评价工作绩效的办法感到既郁闷又愤怒。

可这意味着就不需要规则了吗？我们一直珍视的一个原则就是："我们的国家是法治，而不是人治"，这究竟是什么意思？拿我们儿时就谨记在心的一件事做例子。如果我们想具体说明孩子复杂的行为代码，会发现这是一件很难的事。最好的策略是找到适当的抽象层面的东西。"善待他人"要比在每一个具体情况下都规定出一系列的"不准"更为有效。在宽泛的一致认同为"善"的范围内，还是有一些判断标准的。互惠的道德教育将会在互惠的行为中进行。我们的管理话语理论就包括这种宽泛的原则，我们称之为"话语的正当性"（参见第 5 章）。但这并不是对民主代表制明显的机能不良所带来的民主责任制的危机所做的主流回应。改革的努力首先要预测出究竟弊端出在哪里。

2.2　堂吉诃德式的主流改革

看起来环式民主代表制的问题并没有被学者和专家完全忽略。有人呼唤回到所谓的"强势"或"厚重"的民主，这一民主是同下面将要论述的社群主义倾向相联
系的（见本章的第 5 节以及第 3 章）。尽管如此，对环式民主代表制的问题有所认 20
识的人的主流倾向仍是重申传统治理方式是一个理想，并极力推动各种改革以实现这一理想。在其中最具影响力的作者——公共行政领域的莫舍（Mosher，1982）、公共行政伦理学领域的伯克（Burke，1986）和政治学领域的罗维（Lowi，1979）——看来，想放弃以民众的主权为基础的立法的优先性这样的想法是不可思议的。罗维尤其对他所谓的第二种共和政体持批评态度，这种共和制度将立法权交给官僚代理，而这些代理官僚又与所管辖范围内特定的利益集团勾结在一起。这样就形成了铁三角结构和代理关系。罗维倾向于回到第一共和政体，在那里，立法机构可以重新确立自己的权威。

这一立场说明寻求制度改革将使我们回到第一共和政体立法至上的道路上。如果代表们不能充分代表他们的选民，那么我们就需要让选民的选举变得更简便易行（机动选民法）。如果代表们利用他们职权谋取不正当的竞选资金，用以买通那些在竞选战中为富不仁和贪赃枉法的媒体，那我们就需要对竞选在资金方面进行改革，并加以任期的限制。大量的时间、笔墨、博学的智囊以及政治资金都被用以程序的

调整，但结果如何呢？使选举便利化可能会增加注册选举的人数或遏制选民人数的下降，但效果并不明显。另外，尽管民主党人认为这对他们有利，但是，增加因选举变得更为便利而参加投票的人数的百分比，就是增加那些立场不坚定、一般是不假思索的选举者的影响：这向全民投票的民主制又迈进了一步。至于竞选经费的改革，经验告诉我们，最有可能的结果是重新定位漏洞。任期限制实际上是对公众意愿的限定。总之，玩弄程序机制看起来是一个徒劳的、堂吉诃德式的游戏。将环节中的一个漏洞补上的同时只会增加另一个漏洞的泄漏量。正如我们坚持认为的，程序上的失调只是更加深层次的后现代疾病的一个症状而已。

不真诚的、热衷于拉选票的人在政治方面的虚假改革已被行政方面同样的本能所取代。简要地回顾一下公共行政伦理学以及近期公共服务改革流行的问题框架，就能显示出戴着环式民主观的眼罩来改革体制的困难。这两个例子都表明了一种保
21 守的倾向，即想通过把公务员拴在公共事务上并把他们——如芬纳所说的那样——置于被选举的政客以及他们的政治任命者的严密监控下来控制政府。这些努力反过来会在民治中合法化。现在，让我们来揭示一下我们所指责的环式民主模式与尝试完善官僚道德的做法之间的一致性。

2.2.1 道德重建

古典的公共行政模式有一种伦理学（Plant，1983），尽管它常常是心照不宣而没有被明确表达（Ingersoll and Admas，1992）。用学院的道德哲学的话说，其体系基本上是功利主义的或因果论的。它对善下了一个定义，尽管是有条件的。这个体系提出了一个基本原则——善被认为就来自这一原则——并对个体管理者的责任义务进行了规定。我们称之为是权威主导的伦理学。

A 善

功利主义是20世纪初的进步论者提出的（T. L. Cooper，1991，pp. 110-111）。权威主导的伦理学总是与“最大多数人的最大的善”这一格言联系在一起。在提出这一格言的本萨米特（Benthamite）的哲学中，善和幸福这两个概念常常意味着快乐与痛苦成正比的关系。请注意，这一善的观点既不准确、也不切实际；它是开放性的。收益必须大于支出，收获必须超过所承受的痛苦。这一对终极价值的开放性定义从逻辑上引出了一种有关如何获得善与幸福的过程理论。人们可以避免以任何实质的方式定义“善”的内容。功利主义者无法告诉你出路究竟在哪里，但它能给你提供或许会有些帮助的工具式的过程理论。这正是过程功利主义的逻辑，如果过程合理的话，将会取得最大限度的善。

B 来自于民

既然对幸福是什么缺少确切的认识，我们只好将它留给个体去决定。从很大程度上说，个体应该摆脱政府的控制，在公民社会中自发地去追求幸福。就幸福需要服从公共社区的统一安排（因为我们是与集体财产打交道）这一点而言，追求幸福
22 必须按照多数原则民主地进行。“善”就是我们为促进幸福的实现而民主地决定的

东西。这一论点具有相当大的修辞色彩，正如奥利弗·诺思（Oliver North）在批驳这一观点时所发现的。“伊朗门事件”听证会期间，参议员乔治·米切尔（George Mitchell）向诺思解释说，“美国人有权犯错误”，他这样说的意思是，当立法机构改变政策时，不管看起来是多么的不可思议，昔日的错误现在也可能显得是正确的，而昔日认为正确的现在可能变成错误的。人民（通过他们的代表）就是标准，是主人，在他们之上没有判定对错的更高标准。

C　个体管理者的角色

根据芬纳（Finer，1941/1942）无懈可击地推出的这一逻辑，官僚之作为官僚，尽管会通过限定的政治活动（如通过选举）参与到意愿的形成之中，但他们并没有自己的意志可言。官僚们一旦进入官场，就会摆脱他们在意愿形成过程中的角色。在那里，出于安全的需要，作为回报，他们将发挥作用，贯彻来自每一上层直至人民代表的合法命令，并从此想当然地以魅力人物的面目随时准备同意或否决选民的意见。在促进效率的功能角色[2]和道德角色之间保持着完美的统一。二者都要服从于法规以及负责对法规作出权威解释的监督者（Appleby，1949）。问题在于，个体的道德选择只能是或者选择遵从法规（道德的应然），或者选择违背道德（不道德的行为）。如果没有官僚层级负责制，人民将会被剥夺表达其权力的程序，以及他们通常所定义的为最多数人谋求最大的善。

D　最新表现

权威主导的伦理学是伦理学的研究者描述传统的进步论的公共行政模式的工具。传统治理模式与权威主导的伦理学有着共同的优缺点。主要的优点在于这样一个事实，即它仍是基本的官僚制度观——它是合法的。尽管传统的进步论模式——传统的治理模式以及它的占统治地位的环式结构——已支离破碎，但还没有被别的新的统一的观点所取代。由于它是被选举官员、出版物、课本、政治学以及美国公共行政协会未遭质疑的预设或基础性的神话（Mertins and Hennigan，1982， 23
p. 41），难怪现在流行的许多伦理学体系都源自于此。官员们试图运用各种可行的手段，如颁布法律、宣传规章等，通过制定规章——基本上是为了确保其他规章的实施——来强化道德行为。有些人之所以是不道德的，原因在于他们没有遵守规章。因此，对那些触犯规章者，必须严加处罚，而对引起违规的诱因必须加以剔除。为此专门成立了美国政府道德办公室（the U. S. Office of Government Ethics）来贯彻权威主导的伦理学。这种伦理学的一个典型例子就是利益的冲突。人们会因为受到某种磁石般的力量——例如某一政治利益集团可以挥霍金钱——的吸引而放弃中立的立场。我们通过界定某一行为是非法性的（如禁止接受礼物）、应受谴责的（通过道德立法委员会），或通过使其难以兑现（颁布法律来禁止“非法手段”，也就是，通过某一实体直接管理人们过去行使的调整权力）来杜绝那种权力。

我们承认，如果环式模式的逻辑及其推论所确立的原则就像我们所说的那样是有缺陷的，那么，想通过道德改革来矫正它就只能是狂想。道德的立法以及更多的规章并不能制止判断的必然实施；它们只会使实施变得备受谴责。应把道德规范加之于所有其他的、政策制定者/执行者在行使其日常职能时不可避免会触犯的法规之中。如果他触犯了某一法规，也就同时触犯了惩治违规的道德规范。管理世界就像印度尼西亚的 jupen（信息部穿着制服的官员），变得越来越为了保持优雅而存在。既然有这么多行为不端的途径，指责往往来自冒犯了他人的信条、个人风格或表达方式。为了消除个人主义，过分地强调规则反而只会强化它。

2.2.2 公共服务改革

成立美国政府道德办公室的法案与 1978 年的公共服务改革法案（the Civil Service Reform Act）同时通过，这决不只是巧合。二者都发生于政府合法性危机的当口。我们坚持认为，这可以追溯到当代美国民主代表制的失效。道德重建和人事改革都一再重申环式模式徒劳地想解决其自身所带来的一系列问题。

20 世纪 50 年代初，胡佛第二委员会（the Second Hoover Commission）成立
24 以来，朝野内外执政阶层的改革者就一直将公共服务改革列入日程（Dillman，1984，pp. 206−209；Knott and Miller，1987，pp. 240−247）。其主要的目标就是通过重新审视妨碍对公认的顽固派公务员进行培训的公务员制度来把官僚制逼入绝境。经济萧条（通货膨胀）、抗税、伴随“水门事件”丑闻而来的政府机构的合法性的降低、某些政策的失误（如越南战争和向贫困宣战）等因素汇合在一起，创造了一个有益于改革的环境。尽管事实上这些事件更应当归罪于政治精英的名下，但在职公务员也是报应的目标。实际上，到 1978 年，对官僚制的抨击已成为政治竞选中的情境之一，一份民意测验表明，60%的公众一致认为，“联邦政府的雇员工作远不如在非政府机构中工作的雇员卖力”，“联邦政府机构臃肿”，“联邦政府员工的薪水比他们在非政府机构中应得的多”。吉米·卡特在提议立法时说，“公众怀疑政府人员过多、效率低下、报酬过高并与他们的低效率不相称”（美国参议院，1978，pp. 243−244）。

尽管公共服务改革有很多方面，业绩的评估却是最为重要的，因为它是惩罚性的和科学主义的改革运动的体现（Fox，1991；Thayer，1978）。简而言之，业绩考核是加强管理控制的关键。新成立的美国人事管理办公室（Office of Personnel Management）在首期公报中就开宗明义地明确了它的目标：

> 可能，在过去的几年间，公共人事管理的主要问题在于从业的员工对管理的要求缺乏回应……公共人事改革的主要意图在于提高公务员对管理要求的回应，从而提高公务员对普通大众的要求——即管理（为何不是整个的公务系统?!）根本上应当是负责任的——的回应。（美国人事管理办公室，1979，p. 1）

因吉米·卡特的笔锋激发而复活的是对公共部门的工作与管理的性质提出了一套带着古典伪装的可疑假设，其中包括从学理上讲已经失效的政治—行政二分法（对比 Ban and Ingraham，1984，p. 2）。再者，对非选举产生的公仆必须严加控制，

这里使用的是与管理目标相关的业绩评估方法，而这些目标本身大多源自法律并由公众意愿所拥护的选举官员颁布。

如果说民主更像是一种话语，那么政治家们的渎职和随之而来的对无辜的公务 25
员的严管机制之间的荒谬联系是让人无法忍受的。

我们曾经论证说，与环式民主相联系的是恶劣的道德和人事政策。在这环环相扣的命令—控制逻辑中，把持公共行政职位的有识之士根本没有空间为组织的业绩自主地行使权力。一旦被编制到这个环式结构之中，便再也没有办法超越泰勒式的管理模式了。

绝对地讲，只有当我们是工作现场的主宰时，环式民主才能给我们机会穿上民主的外衣。正面地说，要成为工作现场的民主者，就必须“窃取”权力。这一令人不舒服的设想促使公共行政领域的学者们开始了理论上的研究。

2.3　制度主义/宪政主义

对民主代表制的怀疑既是灾祸，也是机会。说它对于公共行政是灾祸，是因为——如同通常所误解的那样——它剥夺了公众参与公共行政的权力。我们（在公共行政领域）的政治大师们所展现出的行为总是与江湖郎中、煽动分子，有时是骗子联系在一起，他们在虚假但却耀眼的人民意志的旗帜下阔步前行。对民主代表制的学术怀疑之所以又是机会，就因为在对权力本身的重新界定中可以包括公共行政，但其前提是在某种新的（非选举式的）意义上实现民主。到目前为止，对这一怀疑典型的两种回应就是宪政主义和公民自决。二者对于合法性和责任的要求有着各自的结构。第一种以宪法替代每一次的选举获胜者，在这里，如果能证明宪法的原则高于被选举者的话，就不必对人民主权的忠诚有所妥协。在那些众口不一的命令声中，我们可以选择指导立宪的那一个去遵守。而第二种方法则绕过选举，直接取道拥有主权的公民。在此，我们旨在用公民直接参与的强势民主来取代选举的、代表制的弱势民主。我们首先探讨一下宪政主义的替代模式。

宪政主义在不同的语境和作品中，有着不同的含义。在这里它指的是在公共行政中一套论据充足、完整并试图取代传统的治理模式的理论。在这一意义上，约翰·罗尔（Juhn Rohr）是宪政主义主要的理论先驱。他以对宪法制定的原创文献 26
作特殊的阅读为基础重建的公共行政理论是《黑堡宣言》最有影响力的奠基石（Wamsley，1990，p. 23），也是从 D. F. 摩根（D. F. Morgan，1990）到斯派塞和特里（Spicer and Terry，1993）的各种解读的样板。作为一个极为博学的、不寻常的无权者，罗尔（Rohr，1986）的观点值得我们去澄清和评判。

2.3.1　罗尔的主题

罗尔直截了当地说：“本书的意图是要依据宪政原则将公共行政合法化”（Rohr，1986，p.ix）。但是，既然行政这个词在成文宪法里根本没有出现，公共行政（与黑堡的学者保持一致用大写）如何能依据自身成为宪法授权的合法政府机构呢？罗尔的回答是，宪法不只是由文献记述的特定合约。宪法是一种盟约（p.x）。考虑到盟约的宗教含义，在这里，罗尔的意思是，合约是两方或多方达成的文字协定，而盟约是它们间的精神契合。但是，人们怎样才能“解读”精神呢？罗尔的回答是通过阅读介入论争的那些人的文献中的注解来解读（p.9），因为这些注解本身就是对文本的批判性阐释。在罗尔看来，注解自身的目标使其成为了包括实际的宪法、《联邦党人文集》以及反联邦主义的文献的扩充性文本。注解的意图在于从那些热烈讨论时产生的混乱、激情洋溢的论点中提取那些比较主要、实质性的事实。在这一语境中，宪法文件本身也只是临时的合成品，是在论证与反驳的激烈交锋中形成的一种强硬但非决定性的观点。

从这个意义上讲，宪法当然是一个涵盖甚广的概念，而不仅仅是严格的构成主义法理学家蹩脚的宪法文本。将公共行政合法化的宪政主义实际上是关于宪法制定的，“宪法是共和国和其政治统治建立的标志，‘建立’意味着规范化”（Rohr，1986，p.7）。“政体权威的源泉在于建立的行为本身”（p.179）。但什么是建立？在政治哲学史上，许多划时代的思想家对建立都深怀崇敬。例如，对柏拉图来说，如果共和国的理想不能实现的话，第二种较好的形式就是立法。同样，卢梭也满足于
27 立法者的创立行为，而对民众意愿的制度表现的出现颇为不满。从总体上讲，社会契约理论——霍布斯（Hobbes）、洛克（Locke），以及新近的罗尔斯（Rawls）——都想象了某一创立的时刻，在这一时刻，人们由于各种原因走到一起，达成了某一不可废止的协议，以便（至少）能和平共处，尽管还说不上有公正和和谐。罗尔认为，这种第二好的历史主义正是他的观点。根据这一逻辑，创立大体接近于各种程度的绝对正义/真理（Absolute Justice/Truth）。尽管它们是绝对真理的一种折中，并因时因地而异（这一区别正是从理想到现象的变化过程中所出现的遗憾的变化），但这种接近通常取决于充当真理与正义之工具的人类的智慧（或承受因此而导致的匮乏）。尽管如此，就美利坚合众国的缔造来说，却没有一个贤明的立法者；而只有一个可怕的委员会，其成员争论不止。罗尔的创新在于，并不是把创立体现在某个人甚至国父的身上。相反，创立就体现在参与者之间以及参与者与他们的对话者之间产生的思想和原则上。“创立就存在于争论之中”（p.179）。[3]因此，当我们发誓要维护宪法时，我们就是发誓要尊重创立以及这一行为所产生的传统，要尊重那争论，并在一定意义上也是发誓要我们自己介入争论之中，接受原本从它那里产生的高级原则的约束。[4]

那么，所有这些有关创立的言论如何与公共行政部门（the Public Administration）发生联系？罗尔（Rohr，1986）提出了三点温和的主张：“公共行政的情况是与宪法相一致的，它实现宪法的构思，弥补长期以来一直存在的主要缺点”（p.13）。首先，尽管公共行政部门履行行政、立法和司法的权力，但它不能违反三权分立的宽松标准，这一标准是从建立时的争论中引申出来的。其次，公共行政部门能提供一套宪法的“制衡机制”，后者原本是指定给非选举产生的参议院的。最

后，公共行政部门能提供严格的法定分支机构所无法充分履行的衡量（人口统计学的）代表制的标准。

2.3.2 宪政主义批判

我们已力图以我们对其所怀有的真正同情描述了宪政主义及其带来的后果。对于受到攻击的政府规则的宪法合法性，的确需要我们作出一番努力。基于宪法合法性的《黑堡宣言》呼应了在机关供职的公仆应当享受的尊严。作为第一次齐心合力革除传统公共行政模式弊端的尝试，《宣言》照亮了一条让后继者可以轻松地跟随 28
的道路，而不至于遇到体制不健全的问题，但也需要他们大刀阔斧，以超越第一次革除的不甚理想的效果。

从根本上说，宪政主义不适合我们的原因在于它太保守了。在可敬但令人感到不自在的伯克（Burkean）的意义上说，它是反动的。以宪法研究的方式来为公共行政辩护反而是向后看。为使公共行政摆脱原始自由主义的凡夫俗子的攻击而展开的战斗是在一个错误的基础上进行的。这一战斗最后以被迫承认许多安排反而应该变革而告终。面对右翼反对势力极度可怕的压力，人们发现自己是在同古往今来的各种强敌作战，如等级制度、垂死的机构分割、机构臃肿［参见克罗嫩伯格（Kronenberg）1990 年的挑战］，以及其他一切我们曾经试图超越的机构病变。正如黑堡学者所承认的那样（Wamsley et al.，1990），他们已经逐渐接受制度主义和权威，至少是把它们作为对复活的右翼自由主义的无政府状态可喜的替代物。我们认为这是过分的失败主义。为现状辩护会剥夺公共行政理论的独立性，而后者需要想象一个更加自由的工作和治理状态。我们应该密切关注新出现的潮流，从中提取更加真实的人类交往关系。许多喋喋不休的争吵——如排挤尽职的中央和地方公务员，罗尔的所谓参议员作为公务系统“上层”角色这一提议所意味的精英主义——曾是（但将来不会是）可取的。其他的一些我们和别人（例如斯蒂弗斯在 1993 年对创立者们的工具主义的指责和库珀在 1990 年对与机构的实际业绩相关的异议）都认同的更为实质性的反对意见在此不再赘述。宪政主义（以及一定程度上《黑堡宣言》的创始人所依赖的同一东西[5]）在替代模式方面的言论没有什么可骄傲的，因为它的论证已堕落为一种狡辩和歪曲；缺乏实在的指向物；并且从工具主义的性质讲，它似乎太依赖于既有治理结构。

A 歪曲的论证

罗尔（Rohr，1986）在他的《实现宪法》一书中展示出具有严谨的宪法学识并作了长时间的细致阅读，让人们不得不表示尊敬。他在这方面的论证无人能敌。就 29
这些论证的结果来说，他在道德上也是诚实的。他承认，对于公共行政的宪法合法性，就连最有力的论证也是软弱无力的。即便不是这样，罗尔也不会要求宽松的评判标准或诗意的许可（pp. 174－178）。由于捍卫受到攻击的官僚体制的理由是正当的，因此我们应当搁置学院论证的常规草案。亚里士多德的格言——主题所需要的不过是准确——可用于说明这一搁置的正确性。从某一方面来说（p. 176），新事物本身就能作为正面评价论证的标准。即使得到了所有这些待遇，宪法最终也不能成为公共行政部门的充足根据，因为公共行政部门并非与之并行不悖。但根据这一逻辑，公共行政部门的合法性并不比帝国总统、有能量的法官或天理难容的华盛顿说客的合法性小。对于这些无用的产物，我想罗尔的要求太高。对于违背三权分立的情况，我们主张采用的是从巴布利斯（Publius）那里引申出的最宽松的标准。为了能独立地遵守公共行政所屈尊听从的主人的命令，我们必须默许很久以前就已抛弃的参议院结构的相似物及其隐喻性的平衡机制。这一推理，虽然不能说完全荒谬，但也不具有说服力。同样严肃的一个问题是我们所谓的参照物消失之谜。

B 消失的参照物

美国官僚极力从中推出其伦理学的政体规范（Rohr，1989）是正在逐渐消失的参照物（Fox，1993）。它们犹如海市蜃楼和彩虹，当我们接近时就消失无踪了。这种情形在下面的概念中也常常出现：宪法、原则、契约、合同、传统、创立和论证。在罗尔的文本中，它们只有在相互的关联中才能被循环论证。其定义所采取的形式是：什么是 X？Y 是 X。什么是 Y？Z 是 Y。什么是 Z？X 是 Z。（例如，何谓宪法价值？宪法价值就是政体价值。何谓政体价值？政体价值就是政府制度。何谓政府制度？政府制度就是由宪法批准通过的政治实体。）就像官僚制度的经典漫画，人们总是被推到下一个办公室，永远得不到满意的答复。具体地说，如果宪法的有效性不是由于具以此名的文件本身，而是由于一种创立，如果创立实施的契约本身是基于限制论证的原则，那么，对于宪法的实质性东西如何才能放心地作出论断？
30 实际上，只要具有一点阐释的创造性，就可以大胆地论断任何实质的东西。如果有人对宪法字面上看到的结果不满意，就需要扩大论证的参数。我们离宪法的制定者和签署者能有多大距离？正如罗尔所做的，如果我们从左的方面求教于反联邦分子，那我们就该从右的方面排除亲英的贵族分子吗？如果是这样，又该遵循什么样的排除原则？我们难道不该也求教于（比如说）谢伊和华斯基叛乱（Shay's and the Whisky）中未被告发的密谋分子的新近被发现的日记吗？何种名义的时间框架可包括创立在内？当我们发誓要提出和支持一种论点时，我们不是也在创立吗？言过其实地说，关键在于宪法的合法性是一个陷入了谜团的怪物。

C 制度主义

试图在宪法中找到公共行政部门的根据，这一尝试对自称为新制度主义的《黑堡宣言》有何影响？我们认为，它具有一定的分量和作用，导致了对现存制度的过分肯定，甚至更糟，它过于把制度当做现成的东西。而这又转而导致了“分类的僵化”，使人对过时的、不可信的制度主义产生了怀旧之情，在那里，学术关注的是将结构置于功能之上，将文字的书面条款置于非正式的实际行为之上，将表面的唯真理论置于潜在的现实之上。

《黑堡宣言》的学者声称的建立在制度基础上的“米诺布鲁克”（Minnowbrook）（亦即与主流的公共行政根本地分离但又保持着它的传统）（Wamsley et al.，1990）也许是可能的，但存在着附着于制度的危险。从宪法的角度出发，思考应集中于如总统的权力、税收账单的来源、谁发动战争、谁同意签约、总统是否有权解雇参议院批准的内阁官员等一类的制度。这样来思考会把人导向华盛顿特区官方的纪念碑和博物馆之间的死角，政治科学作为一种学科，早在两次革命之前就已经抛弃了这种研究方法，并有足够的理由。从第二次世界大战归来的思想狭隘的一代学者经过接受 GI 的培训（GI Bill），已不再相信被宪法描绘具体化了的现实与政治有太大的关系。比较政治学的研究者由于试图描绘阿根廷与苏联在宪法方面的区别，也对此漠不关心。更多的极端倾向研究美国问题的人发现权力无所不在，丝毫也不拘泥于宪法的美好。制度性的规范并不是约束权力之河的堤岸，而是权力之河的四处泛滥。如果窃取权力的财团想要平复举国上下对它们的疑虑，宪法就能适 31
应这一要求，将财团解释为拥有权力的独立的个人。如果财团感觉有来自第三世界国家的民族主义政治家的威胁，为了自己的利益，宪法并不反对美国进行军事干预。正如罗尔（Rohr，1993，p. 246）所说的，创立时期的美国政治是正常的，且**事实**也是如此，可美国人何以能够容忍一般说来会招致异议的行为，如消极的、欺骗性的政治竞选？其他的常规政治标准如不惜代价赢得竞选又是源自何处？脱离制度主义的第一次政治学革命是不幸的行为政治学，但这并不应该让我们对遗留的不足视而不见，它们其实很好摆脱。第二次（后行为的）革命转向了政策方面［在这一任务中，瓦姆斯利（Wamsley）有幸充当了部分角色］，而没有回到制度主义，这是不能不引起注意的一大进步。

现在，在政治学中，新制度主义至少是一种时尚，这一点是确实的。但对制度的作用的调节只对经济学家来说是新鲜的消息。这一点的关键在于，制度会影响行为，并且这种影响被行为主义、自由个人主义和**经济领域**的数学家们所忽视。有人希望这些事实能尽快上升到自明的地位，这样他们就不需要加入某个新制度主义的学派，就能被视做其中的一员。否则，当对其过于关注时，宪法—制度主义会束缚对它的研究。它使我们的思想产生偏见，使我们的认识范围转向组织理论现在轻蔑地视做封闭的系统研究方面。我们认为，再好不过的事是停止将制度理论化为实体（制度主义）或具体的事件（创立），并学着将这看做是现象学实践的重叠的连续行为（次序或重复），这些行为表明了不同程度的确定性（还可加上相关性、价值和真实性）。

在这里，吉登斯（Giddens，1984）的结构化理论可以提供帮助，他提出了一个框架，既能超越制度，同时又能通过将社会结构置于一定的社会关系中来探究制度的特殊影响。我们在阐述能量场（第 4 章）的概念时，使用的就是结构化的方法，我们使用这一方法来解释制度以及习惯—文化的积淀对行为的影响，而避免把某一特殊的形式上的制度具体化。结构化理论使人们能够分析构成所谓制度的沟通性的行为实践，并能在新生的社会形态中看到近似于制度的实践。对于这些类似于 32
制度但又没有完全制度化的实践，我们在第 5 章中会部分地给予关注，其中包括机构间的公会、超越机构的政策网络与亚系统、政府间以及司法组织间的特别小组、临时方针、公民代理合作团体以及非正式社会政治网络。如果以取代传统为目的的治理模式为了使过去和既存物合法化而忽略自身作为助产士以解放未来的潜力这样一个角色，那我们将不能得到很好的服务。正是对公共利益而不是历史情节的追求，使所有积极投身于前摄行动的公共行政者行列的人的努力合法化了，在这一努力中，他们有时甚至超越了制度的界限。在表达了我们的观点之后，最后的这一句话本应由那些具有公民/社群主义倾向的人来写。

2.4 社群主义/公民主义

替代传统治理模式的另一有力竞争者是公民自决或公民主义。如同致力于这一研究的作者一样，社群主义者并不像宪政主义者/新制度主义者那样，首先考虑现存制度的合法性问题。但是，在公共行政中，合法性危机仍是他们由图式焦虑引发的主要话语。由于社群主义基本上属于前现代哲学，因此从来没有人非法地把它与环式模式中所预先假定的功利最大化的个人主义联系在一起。对于社群主义者来说，民主代表制的弱点提供了一个复兴社区的直接民主的机会。尽管黑堡学者强调的机构可能具有社区的特征，但它们的等级结构和僵硬的边界保护主义在当代社群主义者看来理应受到质疑。社群主义者提倡能实现公正的强势民主。人民应该参与影响他们生活的决策，不仅是为了正义，而且也是为了实现他们作为人的潜能的发挥。人民必须参与到社区中来以摆脱使他们的生活模式化的现代异化。因此，社群主义者也对先前提到的取代传统治理模式的宪政主义和新制度主义提出了质疑。人类潜能在社区中的全面发展比古代的宪法争论和这些争论的现代代理都要重要。进
33 而，如果环式民主模式像前述的那样根本无效，那么一种逻辑的替代就是要越过作为万恶之源并在政治上被神圣化的大师，使公民自己成为一般的动因。

如果说宪法模式可以追溯到神圣的共和国的建立，那么“公民管理”的坚实性则可以追溯到雅典城邦、瑞士行政区和新英格兰城镇的直接民主。公民参与的定义比宪政主义宽泛得多，并且其观点也更为完整。说它比较广泛，是因为与黑堡学派的人物不同，这一理论的信徒［其中有亚当斯等，1990 年；钱德勒，1984 年；库珀，1991 年；弗雷德里克森，1982 年；高思罗普（Gawthrop），1984 年；斯蒂弗斯，1990 年］比较分散，难以坐下来就他们的领域达成一致。说它的观点更为完整，是因为提倡公民研究的人或直接或间接地都以社群主义作为其观点的基础。社群主义本身是深深根植于古代（亚里士多德）、中世纪（托马斯·阿奎那）以及当代［如琼森和图尔明（Jonsen and Toulmin），1988 年；麦金太尔（MacIntyre），1984 年；泰勒，1985 年；以及较狭义上的沃尔泽（Walzer），1983 年］思想的一个成熟的哲学学派。读者们也许熟悉贝拉、马德森、沙利文、斯威德勒和蒂普顿（Bellah，Madsen，Sullivan，Swidler and Tipton，1985）的《心灵的习性》和贝拉等（1991）的《健全社会》，它们也都根植于社群主义。

简要回顾一下社群主义哲学的主要原则对认识其作用或许会有好处。在接下来的第二小节，我们分四步描述了社群主义：（1）它具有不同的（不同于现代主义的自由主义，有时又称之为古典自由主义）的自我观；（2）这一自我观改变了动因因果律的场所和方向；（3）这一因果律导致了带有目的论性质和特征的伦理学或道德

观；(4) 这一伦理学转而又促进了被实践智慧模式化了的实践行为。接下来，在第三小节，我们将：(1) 举出这一观点的困难；(2) 社群主义者为解决这些困难所做的调整；(3) 提出社群主义者没有充分准备来应付的公民冷漠的问题。①

2.4.1　社群主义：基本观点

A　自我

现代自由主义对自我的理解假定了一个原子化的（资产阶级的）个体，这个个体能理性地将价值最大化，并将其附着于个体孤独的自我之上。社群主义者抗议说，这种学说中假定的“自我”是完全不能实现的。这样一个空洞的自我，没有文
化、没有历史、没有境遇。它不是具体的，而是一个抽象的自我，一个在笛卡儿的 34
“我思故我在”中的“我思”之后流行的非具体的理论推导物。很明显，社群主义者推崇的是亚里士多德的关于人是社会/政治的动物的观点，个人的全面发展只有在秩序良好的健全社会（城邦）中才能实现。这种精力更为充沛的自我身上留有过去的社会经验的印记，它没有抽象的、原子化的、自主的个体所具有的绝对自由意志。

B　社会第一性

社群主义者提倡的是语境中的个体而不是原子化的主权个体。“他们把人的活动看成是处在具体的道德和政治语境下的，并强调社区的目标与联系物所要求于境遇自我的建构性角色的重要性”（d'Entreves，1992，p. 180）。因此，个体不是生活在真空中的。因果联系——在传统—自由主义—现代主义的模式中，它涵盖了从自主的个体意识到判断或决断到行动——现在被社群主义者看成是个体与形成个体的社会—历史语境之间的辩证的、相互作用的因果链条。这一语境就是与有意义的他人的和平共处。的确，没有语境的话，个体将会是不可想象的——无所谓相貌、无所谓性情、无所谓性格、也无所谓个性的闪现。情境的这一切换的重要意义在于，它将社会提升到，尽管不是绝对的第一性，至少也是同等的因果第一性的位置。在传统的治理模式中，个体的自私性被看成是生命的原始力量，与市场看不见的手协同一致，然后由出于正义的道德义务的外衣加以调节缓和。相反，社群主义者认为，社会自身以及他人的存在是人类生活和幸福的前提。所以，尊重他人、利他主义、忠诚、依附于社会以及其他的以群体为基础的情感并不仅仅是对自我中心的理性常规的奇怪偏离，而是人类社会的一部分。不能把依赖解释为外在的非理性因素。这一社群主义的观点动摇了理性抉择理论和经济学的主导分支理论（其对于公共政策的意义参见 Stone，1988）。

C　德行与性格的目的论

因此，性格和德行的内在品性的培养是秩序良好的城邦的目的。从此观点出发，城邦中的公民身份，不只是日常管理事务的事情，同样也是性格培养过程的核

---

① 原文如此。经对照，无第三小节，但此段文字保留。——译者注

35 心部分。人不是一生下来就在道德上完美，也不是在幼儿时期一下子就具有美好品德。充分完善的德行与性格，作为生命的终极目的，需要积极参与社会的管理。与社区中的其他成员进行对话、寻找共同的行动基础、达成共识，这对于人的潜能的充分发挥是至关重要的。人作为政治的动物不仅是出于物质的需要，而且也是出于精神的全面成熟。

D 实践智慧

一个值得信赖的、秩序良好的健全社会并不需要理性的、综合的社会科学。后者——作为启蒙运动所犯的错误——假定的不可能的全知的上帝之眼其实就相当于可预测的、理性的、利益最大化的个体和由此得来的消极自由［也就是，与古典自由主义相联系的权力和自由；伯林（Berlin），1979］。实践智慧的更为宽泛的但也更为现实的标准完全适合于社会公民做出一致决定的话语。正如斯蒂弗斯（Stivers，1990 a）所描写的："作为实践智慧的运用，对治理的重新认识……与转向更大程度依赖于试验策略有关，这一策略通过不断反馈回来的信息自我矫正"（p. 260）。

2.4.2 社群主义：批评及回应

A 问题

当我们一开始考察社群主义的时候，四个重叠的问题就会首先浮现出来。如果说传统治理模式的主要问题在于假定了一个意志自主的个体和对处于实际境遇中的个体的抽象，社群主义与之平行的问题是假定社会是至善的或基本上完善。社群主义具有极权主义的倾向，因为人的生活的各个方面实际上被统摄到了朝着良好秩序的和谐方向发展的目的论方面。情况好的话，人们发现这是不可忍受的。情况糟糕的话，社会就会草率地把怪异解释为与社会目标的不相一致——精神麻木的一致就是成员的代价。由自由的多元主义造成的主权个体与独立空间（如：工作、休息、
36 家庭和宗教）所体现的私人性的权利，在社群主义中可能会为了实现社会的完整、道德和一致性而遭到剥夺。还要记住，至于对乡村社会田园牧歌式的生活的每一个迷离的梦想，也存在着同样令人感兴趣的景象，这就是由社会元老（精英）和自以为是的宿命论者所强制推行的死气沉沉的一致性。要完全理解这一两难，只需通过把前文所有语句中的国家一词替换为社会一词。相关的一个问题是社群主义在本质上是一个理想化的彩色玻璃窗的怀乡病，在发达的后工业资本主义无情地创造的大众社会中，它再也不是一个可行的和现实的选择，有关这一情况，我们将在第 3 章作进一步的论述。

B 对低级社群主义的修正

社群主义的上述困难并没有被其在公共行政领域的拥护者们所忽略。库珀（Cooper，1987，1991）曾试图通过修正来弥合这些困难。他承认多元主义已是不可逆转的事实，以此来避免上面提到的怀旧主义和极权主义的陷阱。他还采纳科克伦（Cochran，1982）的具有创新的理论建议，以多元的和相互关联的概念来界定

社会，由此使社会摆脱地理管辖的限制。这样一来，社会更像是一个随着电子技术的发展而关系更为紧密的交往时代的关系群体。这使得社会具有了和托克维尔（Tocqueville）所说的自愿联盟一样的品质，即能够调节制度（仅仅）在合法公民与政府之间的作用。库珀的所谓合法公民指的是与拥有一般的权利与自由——艾赛亚·伯林（Isaiah Berlin，1979）爵士恰当地称之为消极自由——的原子性的消极个体相一致的单子化的公民身份。社会的潜能就存在于这些联系之中。社群主义的环境——在那里只有道德完善的公民——就是在这样的社会中成长起来的。

公民、管理者欢迎这样的社会，并辩证地与其融为一体。管理者自己是道德上高度完善的人，并在政府的专业社群内共同生活（斯蒂弗斯也提出了类似的观点）（Stivers，1990a，p. 267 ff）。这种职业化不同于行会保护主义所说的那种职业化。后者被指责是合谋欺骗门外汉，是在专家、技巧和信任的借口伪装下非法的和自私自利的职业化。麦金太尔（MacIntyre，1984）对于实践的内在的善与外在的善之间 37
的区分也适用于区分有道德的职业化和自私自利的职业化（Cooper，1987）。职业化必须对外来影响保持开放性。这一理论动议主张的是通过一系列复杂重叠的社群，共同地创造出有道德的公民，其中一部分人也是德行意义上的有道德的公民管理者。例如在巴伯（Barber，1984）的强势民主中，这一模式不仅提供了意志形态和合法管理，而且——对社群主义者来说更为重要的是——还能促进人的潜能的充分发挥，实现参与影响个人和集体的社区决议的目的论义务（Cochran，1982，在 T. L. Cooper，1991，p. 160 被引用）。我们也将采纳这些修订意见的一些方面，把它们作为话语理论的有机组成部分。对于其他方面则不敢苟同。

库珀和斯蒂弗斯都对任何理想主义容易招致的异议作出了回应。一种批评认为，现有的事物状态否决了社群主义模式的部署，对此该怎样回应呢？答案是，必须解决“现实与理想之间的张力”。斯蒂弗斯（Stivers，1990a）竟然把理想和现实之间缺乏协调说成是德行问题：

> 除非我们认识到我们的意图——国家得以形成的目的——是遥不可及的，否则我们就没有办法达成相互间的信任，使我们能够接受现有政策中不可避免的缺陷。(p. 254)

我们只是想指出，这样的解决方式可以用在任何一个理想模式之中。如果我们设想理想的有效性取决于它们与现实的差距，那我们为什么不试想一下这种情形，在那里，国家已经消失，人类已经克服了物质短缺，劳动不再是迫于生存的需要，行政只是凌驾于物而非人之上？我们为什么不能超越《德意志意识形态》和《1844年经济学哲学手稿》中的马克思，而不是只想着超越《瓦尔登第二》中的斯金纳（Skinner）？

对于公民冷漠的问题，社群主义的理想尤其值得怀疑。

C　公民冷漠的问题

我们认为，社群主义在公民冷漠的问题上遇到了麻烦。社群主义者无法容忍未来的公民存在冷漠。我们却恰恰认为，公民冷漠有它存在的原因。

38 如果大多数人对治理的问题漠不关心，那社群主义模式似乎就是一个不可能实现的提议。对各种各样的运动鞋、裤子以及其他无限多变的时尚产品可以准确辨认的青少年却说不出内阁一级的机构。但是，在动怒之前，请克制一下。也许是我们这些职业的政治吸毒者、政策呆子、政府看门人太过高傲。同时该想象一下对人类努力的范围我们也有所忽略。我们对治理问题的密切关注并不能让我们假定其他人也会如此，即便他们有自己的方法。也许，社群主义所谓的对政府的冷漠不是来自于常规意义上的自治的统治，而是来自于其他无数形式的在社区中形成的自我参与，这些社区包括赛车协会、爱犬俱乐部、RV 俱乐部、宗教团体、小社团、歌迷俱乐部、乌合之众等等，不一而足。也许，对于一般的中产阶级公民来说，在任何时候都能保持活跃、有影响力就已经是值得安慰的充分的民主了。

进而，我们常常会犯下愚蠢的错误，虚妄地将社区管理与我们公共行政者所定义的治理混为一谈。我们已经将治理一词物化了，将这一既成的概念与事物本身混合为一了。的确，对于某种形式的理想民主与现有的公民冷漠的并置，普遍而直接的明显反应就是认为冷漠是不正常的，并且原因在于社会政治结构的某些根本缺陷。进一步说，我们应当克服这一弊端，改变这种冷漠。从社群主义的角度讲，这一回应无疑极具吸引力，因为在那里，参与是作为人的必要组成部分。让公民独自保留这份冷漠，就是让他们处于无声的位置。如果我们不是要“强迫他们自由”，那我们仅仅授权给他们又绝对正确吗（Adams et. al，1990）？授权会使得那些被排斥于门外的公民得以进入社区，有些改革就来源于这一观点。必须改革投票人注册制度以使投票更加顺利；政策分析必须避免专业术语，这样普通的公民也能理解相关问题；阳光立法应该致力于确保公民有足够的途径得到信息；应该建立公共利益的电视频道来对抗传媒仅仅控制在越来越少的人手中的垄断或者独断倾向。授权理论落后于芝加哥正在做的值得称赞的试验，即将先前集中于校董事会的权力交给社
39 区的董事会。我们理应对所有这些措施都给以积极有力的支持，但我们怀疑它们不能有效地消除公民冷漠的惰性。阳光立法和广开言论只会让那些富有的、组织良好的特殊利益群体（而不是所有的公民）更容易通过预算会议。给予公民理论上获取更多为他们所忽视的高层信息的机会，对他们来说并没有好处。然而，这对那些热心的公民是有帮助的，他们把自己的智力、热情和个人名誉用于研究问题，他们已经获得了话语权力。

在普通公民保持冷漠的社区中——除非是危机和渎职变得十分惊人——民主也许是为了人民，但不能说它也属于人民或为人民所主宰。大众民主制只是作为可能而存在——这一可能当然需要不惜任何代价保存之。对剩下的人而言，我们有一个关于“我们之外的公民”的话语（Walzer，1970，转引自 Cooper，1991）。这些人是公民代表，也是公民—管理者。这本书的任务就是要证明：在后现代的大众消费社会，我们所能得到的最好的民主是一种非冷漠的话语，其公民进入话语的条件是政治意向。必须承认，我们并不把这一解决方式看成是理想的和最佳的。就此而言，我们也是社群主义者。区别在于，就目前的情况来看，问题与其说是什么最能

适合人类潜能的充分发挥（对于这一问题，社群主义者给出了最佳的答案），不如说是我们接下来应该做什么（对于这一问题，话语理论可以驾驭）。

2.5　话语理论的迫切性

《黑堡宣言》（总体上讲，不应把它简约地看成是宪政主义的延伸）、社群主义和我们的话语理论之间的一致性远远大过它们之间的分歧。我们都是拥有自由意志的人；我们都有着为了公共利益而从事公共行政的可能性；我们都试图避免技术主义；我们都是反实证主义的；我们都与不过是行会保护主义的职业化类型保持距离。因此，我们也应和黑堡学派一样希望看到有足够深度和力量的社会构成，来与垄断资本主义的最恶劣的一面相抗衡。我们还与公共行政的社群主义者（尤其是斯蒂弗斯）一道在公共行政与公民之间小心翼翼地划出一条比较宽松的界限。

那么，我们为什么要提出一个不同的理论呢？原因实际上有两个。第一，我们 40
不像黑堡学派和公共行政型的社群主义者那样有将公共行政本身合法化的义务。另一方面，我们也不用担心公共行政对外部的所谓统治的责任问题。作为激进的唯名论者，我们认为合法性就存在于做事的过程中。对我们来说，关键的问题不是我们已经和正在做的事中哪些应该合法化，而是我们下一步该做什么。必须明白，唯名论提出的统治概念可以追溯到中世纪的思想家即力图用新的谋略取代君主陈旧的神圣权力的人那里。换句话说，统治并没有什么特别的含义。统治只是战略性设计论证过程中的一个操作，一种将某一设计置于别的可以想象的设计之上并将其合法化的企图。

第二个原因可能是出于性情上的偏好。根据我们自身的经历，作为劳动阶级成熟较晚的少年，我们认为冷漠不是一个非自然的状态，美国政府也不会如此封闭，以至于不给任何努力的人以参与的机会，即使他/她有这样的愿望。我们偶然发现了话语理论，它在理论上是与哈贝马斯的作品联系在一起的，并且是克服黑堡制度主义和宪政主义的缺点的方法。话语理论重视政策质量的重要性。也就是说，我们找不到任何理由说明为什么公共对话的严肃参与者要忍受傻瓜、讨厌的人、极端分子、阴谋家、自负的捣蛋鬼以及隐藏在诡辩后面的贪婪者这样的人。

要不是由于对现在面对的后现代状况下折磨共和国的东西的分析，我们或许不会成为如此心胸狭隘的不可知论者。

注　释

[1] 这里不是论述正统模式的所有批判的地方。层级制与科学管理已受到各种文献广泛的攻击，其范围包括从组织理论的效率定位到荣格心理学的集体无意识。我们也忽视了论述官僚主义的文献，它攻击回避讨论判断论学派是恶劣的反应形态。

［2］效率本身在功利主义中是一种次要的道德规范。它依赖于其他结构的有效性来把自己作为手段有效化。

41 ［3］在 1993 年的公共行政讨论会上，罗尔就这个问题抱怨斯派塞和特里误解了他当然是对的。问题的关键不在于特殊的创立者的性格。他们不过是通向更高真理的渠道。罗尔和他们一样，寻求的是某种基础的或者说非同一般的计算方式。这一计算方式不是布坎南和图洛克（Buchanan and Tullock，1962）的那种形式化的自利逻辑，而是城邦的目的，即为德行完善所做的恰当安排。

［4］尽管这一解释完全基于罗尔的文本，但我们必须承认有一些注解是我们自己的。这是一个非权威的解释。

［5］尽管他们声称是以宪政主义为基础，但如果他们放弃宣言，也许还能保存它。古德塞尔（Goodsell）的关于公共利益的例子——作为与既定机构无关的机构观的一部分——以及怀特对于权威的论述不仅能单独成立，而且在我们看来还可以改进，只要他们愿意（见 Wamsley et al.，1990）。

第 3 章

言行不一：后现代符号政治学

42 上一章的前两节可以说直接会聚了用于揭露美国民主代表制神话的权威论据。需要重复一下的是：主权人民通过民主责任的反馈循环来表达自己的意愿，这一反馈循环以法规的形式存在，并通过命令链条强制实行。如果说对这种模式的批评还不足以证明在美国需要一种有关民主可能性的新的中性的规范理论，那我们现在就想通过对后现代思想丛林的巡视来证明这种批评的合理性。我们既要描述后现代的状况，又想从后现代思想中吸取对我们有益的东西——这种思想既是对此种后现代处境的解释，又是后现代主义本身的体现。如果可能的话，这一章的内容将包括上一章没有涉及的以下几个方面：复活过分的民主制的环式策略，建国过程中发挥了基础性作用的宪政主义方案以及社群主义依赖于公民参与的解决办法（尽管其根据令人难以置信）。正如有人认为的，自由民主制要求以个人为中心，要求个体有自主的意志形成能力。而意志的形成反过来又依赖于主体之间对“事实”有一致认识。后现代主义提出了这样一种可能性：由于人们对“事实”的认同是瞬息万变的，因而无法形成有效的政策话语。

对读者来说，本书提到的文献中有关现代与后现代的差别不可能是显而易见的。我们迫切要求对二者进行区分，是因为它能显示出发达资本主义社会的面貌，而我们的话语理论必须要为自己在这一社会中赢得一席之地。如果后现代的假设还部分有效的话——我们也相信它只能是部分地有效——那就可以推导出两个
43 似乎矛盾的结论来。第一，这里没有与真理相配的不变的一般

“现实”。相反，今日美国的不同团体与民族分享的只是通过媒体灌输得到的超现实的意识。这一“现实”是暂时的、不稳定的，很快就会发生变异。正如我们将要说明的，这个现实是脆弱的。第二，与之相伴随的是由多元次文化部分组成的离散的、更加紧密但可能难以达成共识的现实系列（Calinescu，1991；Jameson，1991）。治理、意志的形成、问题的解决、公民参与以及宪法基础主义等，在后现代状况下，都是有问题的。我们将分五个部分来完成对后现代主义的巡视：

（1）符号，或者说公共对话得以进行的符号，已经成为自我指涉的和副现象的（即衍生的或次要的）。

（2）随之而来的危险是，异质的次文化相互间自说自话（即语言游戏是不可通约的）。

（3）超现实的政治意义——在公共意识中以未知的、不确定的指代物快速连接起来的一系列形象和符号——是拟像与媒介奇观取代了政治辩论。

（4）为意义的获得而进行的不懈斗争表明符号政治学——基本上远离了价值物的物质分配——是最为重要的关键所在。

（5）在结尾的部分将评价后现代性对传统治理理论以及它的宪政主义和社群主义对手的影响。

在说明以上这五个方面的内容之前，首先要对现代/后现代的区分作一简要描述。

3.1 现代/后现代

提到后现代则暗示着一种阶段化，一种时代划分。这一划分反过来又会产生解释基本机制、历史趋势以及使一个时期区别于另一个时期的组织必要性的知识义务。大多数卷入“后现代转向”讨论的作者原则上都拒斥这一任务，认为这种理论化工作其实带有他们想要超越的现代性的味道。我们不是这种坚持原则的人。冒着运用现代主义的精确性来将后现代通俗化的危险，大约可以对后现代给出一个定义和进行定位，特别是在现代性全面昌盛的时期（即高级现代主义）已开始过去的背景下。[1]

44 本章的观点是，人们可以从后现代性的立场出发回过头来看现代性：它大概起始于启蒙时期（18世纪，可追溯到笛卡儿），至少截至20世纪50年代。现代性具有很大的惯性，带着它的规范原则一直奔向并跨过了20世纪后半叶。确切地说，这一标记并没有将各个时期神秘地割裂开来；个人、群体以及他们的习惯都不是在某个特定的时候突然出现的。

那些有着社会学想象力的人对现代性有过很好的描述，如生活在现代社会的韦伯。作为一种“结构化”（Giddens，1984）或建制化的认知（知识型），现代性在工具理性的高歌猛进中通过科学得以实现了主宰和控制自然与人的所有方面这一任务。雄心勃勃且趾高气扬的现代性模式的结构化很大程度上是自我有效的。正如让-弗朗西斯·列奥塔（Jean-Francois Lyotard，1984）所说的："我将用现代性一词来指明任何通过元话语来确立自身合法性的科学……（这形成了）对宏伟叙事的公开诉求"（p. xxiii）。换句话说，现代性体系潜在地给自己设定了通观一切的上帝之眼或阿基米德点，在这一系统或元叙事下面，任何东西都是可以修正的（Calinescu，1991；Rorty，1979）。另外一种说法是，在现代性的思维中对伴随着简约主义的罪恶而来的一元论有着一种不可遏制的欲望。这种元叙事的例子包括科学哲学中的逻辑实证主义、哲学中分析逻辑的正典、马克思主义的唯物辩证法以及人类学、社会学和政治学中的结构功能主义和系统理论。在公共行政的领域/问题中，第 2 章论述的传统模式在构建（置于现实生活之上的）一种元叙事时就尝试了这一思维方式。体现这种简约主义的例子有：最优化原则（泰勒）、生命基因（DNA）、物理学中的不可划分的元素（夸克）、理性的基本原则（工具原则）、人类的最初动机（自私）等。

后现代思想家可以追溯到宣称"上帝死了"的尼采（Nietzsche，1844—1900），据我们所知，还包括美国的实用主义哲学家如约翰·杜威（John Dewey）和当今的理查德·罗蒂（Richard Rorty）、大部分存在主义的现象学家，而最为典型的是法国的后结构主义哲学家［德里达、列奥塔、福柯、鲍德里亚（Derrida，Lyotard，Foucault，Baudrillard）等］。他们因为质疑那些典型的现代话语——过去常称之为普遍主义或本质主义，现在则全都被归到了基础主义或元叙事的名下——而走到了一起。反过来，反基础主义的后果主要见于下面的这些主题。后现代主义是差异的复归或复仇，它肯定了随机的无序和不可同化的异常。危险的是——随着整体的瓦 45 解和进而被解构——西方社会过去视做现实的东西的丧失。如果我们的本体论的锚只停泊在疏松的墓地，我们该为假定的固定指代物的缺乏付出怎样的代价？人们可能还记得伯克的强烈抗议：法国大革命的流行一时的分析精神对偏见和神话的瓦解破坏了社会的结构。如今，分析精神同样面临着被瓦解的威胁。

正如在诸领域中所强调的一样，表 3—1 所列出的一般特征是为了方便不同教育背景的读者。

表 3—1　　现代文化与后现代文化的一般特征

问题域	现代	后现代
建筑	功能的，鲍豪斯学派	折中的，指涉的
生产方式	大生产，工厂	后工业，信息
组织	韦伯的官僚等级制	专案化的决策，委托
社会学	核心家庭	破碎的家庭
科学哲学	逻辑实证主义	方法论上的无政府状态，阐释主义，意识类型
哲学	寻求普遍性	反基础主义
心理学	统一的真我	分裂的自我
伦理学	功利主义的，道义论的，三段论的	境遇的
传媒	线性的打印物	电视，蒙太奇，MTV，频道冲浪

对于这些对立面的共同点，可称之为熵的原则；现代与后现代之间的差别可用各种形式分别表述为：

整合与分离
中央集权与地方分权
向心与离心
总体化与碎片化
元叙事与异类文本
熔炉式与凉拌式
可通约与不可通约
统一的冲动与多元论
普遍主义与相对主义
牛顿与海森堡（Heisenberg）

46 正如搞艺术的历史学家对绘画、音乐、建筑在古典和浪漫之间进行的区分一样，这些区别缺少准确性，不应该看成是严密的逻辑分类（a 与非 a）。它们只是对其倾向做的某种陈述。[2]

在接下来的三小节中，我们将考察后现代状况。我们引作证据或者说提供政治前景的是一个没有停泊地的世界，一种没有固定指代物的文化以及没有体现于言行中的身份的非中心的自我。

3.2 不稳定的符号与虚拟现实

从政治学和公共行政的观点来看，后现代状况的重要影响在于它们使政府身陷泥潭，只是提供了一些对国家毫无益处的政策。我们正遭遇着拟真或虚拟现实的政治学的危险，作为一种奇观或娱乐，它或许是有用的，但对政府所遭遇的问题却没有多少益处。在本章的以下部分，我们将运用后现代的声音来阐述这些问题，这一立场可以为我们所谓的拟真政治学提供尽可能清晰的说明。

3.2.1 固定的交往/副现象论

在这一节中我们想要说明：词汇、符号以及象征正日益与“现实”相分离。我们称这为副现象论。词汇、符号以及象征表示固定的或持续的事物的功能在一天天地减弱。后现代理论深入解释了语言的这些反社会的层面。这一趋势，如由媒体引发的消费至上主义、负面的政治广告和布满图片的政治杂志，悄无声息地呈现在我们面前。我们试图报道并整理由后现代主义者的思索得出的远见卓识。但首先，为了评价激进的符号副现象论，我们需要一个基点，以便判定符号与所指物间的

距离。

本节并不想细述符号学或认识论的论证，不过它的目的与鲍德里亚（Baudrillard，1983，pp. 11ff）的思考或詹姆森（Jameson，1991，p. 96）运用想象界这个概念的目的都是一样的，都是为了表达类似的观点。这些相互兼容的强有力的论证包括哈贝马斯（Habermas，1972，特别参见第 5 章）、维特根斯坦（Wittgenstein，1953）和鲍德里亚（Baudrillard，1981，pp. 158ff）的观点，这些人是我们得以洞 47
见后现代副现象论的依据。这些论断甚至否定符号所表达的现实的存在。另外值得注意的是，从人类语言交流的一开始，我们就已经假定了一种哲学二元论，这一二元论把现实性只归于物理的或物质的实体。换句话说，我们预先把自己放在一个相当于伯杰和勒克曼（Berger and Luckmann，1966）所说的“现实的社会建构”的位置上。

第一小节根据指称/意谓展现了语言的谱系，为真实交流提供了一个最基本的牢不可破的平台。第二小节根据现实/超现实探究了现代主义的元叙事的稳定性，与之相比，后现代的符号则显得如幽灵般鬼里鬼气。第三小节根据生产/信息把政治经济的发展和哲学的转向看做是对“现实”弱化具有影响力的事件。

A 指称/意谓

假设语言的起源是这样一种情境：几个从事滑稽脱衣舞表演的穴居者（就像公元前滑稽脱衣舞中的皮特和陶）不停地对身边那些与他们的生存至关重要的东西，如蛇、一截巨木、岩石、山羊或者山洞发出各种咕咕哝哝的声音。这些符号就是所谓的指称，它们指称着某种具体的事物。指称符号很长时间以来被逻辑实证主义（Carnap，1959a，1959b；Neurath，1959）和英国经验主义这样的哲学派别看做是建构交流与科学体系的必备基石。根据这一观点，语言被物体一个接一个层递的画面所确定。尽管这种观点在未经检验的一知半解的科学假设中很盛行，但它在哲学或符号学中却不再居于支配地位。维特根斯坦告诉我们，严格来说，指称符号不是交流的基础。出现在语言游戏中的指称符号指谓的是一种互相合作的行为。指称符号在它们被说出的时候已经蕴涵着意义，这些意义依据它们被使用的语境而定。例如，蛇有可能等于危险而有毒的攻击者或午餐，笨重的木头则等于武器或工具，石头等于工具、坐的地方或投掷物，山羊等于可以吃的东西或鲜奶，山洞等于能够遮蔽人的地方。指称—意谓的连续性意味着在一般知觉环境里面对面的交流，它使社会行为成为可能。注意了！我们喝水吧。在山洞中安然入眠吧。追踪、包抄、猎杀并且分享山羊肉吧。[3]意谓把指称聚合起来并为它的这种行为提供有目的的理由。

B 现实/超现实

然而，与人类在各种合作的基础上使用符号的能力伴随而来的是卓越的抽象以 48
及使用隐喻的才能。人类依然喜欢使用令人惊讶的反语来博得别人一笑。由于人类具有综合扫描和分类整理的记忆能力，以及夸张、模拟、说谎，以及表演的取乐能力（例如，狗就不能假装兴奋），所以人类的交流才能不仅仅用于讲故事，而且还可以创造理论、哲学和宗教（马克思主义者称之为上层建筑）。这些文化创造就体现在具体化、物化（把概念建构为实际的存在）、异化以及精神分裂中。[4]这些交流文化的体现都具有一种共同的倾向，即想超越指称—意谓的连续性，而这种连续性正是交流文化原始要素产生的源头。抽象化的东西，无论是范畴、故事或者一个完整的宗教，都是客体化或物化了的；而居于主导地位的现实反要归因于它。就像柏拉图的“形式”一样，一种隐藏但却深刻的现实就藏匿于“单纯的”表象之后，这些表象是由指称—意谓的连续性组合起来的。费尔巴哈（Feuerbach，1881）对宗教异化的批判就是这样一个典型的例子。通过使用所谓的转换方法，费尔巴哈说明了人类思想从指称—意谓的连续性（如人类能作用于他们的环境）到把这一思想投射到人类创造的抽象物身上（上帝是全能的并按照他自己的形象创造了人）的运动。这种抽象物于是就被阐释为支配人类的力量（上帝禁止犯罪）。这样上帝就是异化的人（Avineri，1968，pp. 11－12）。人按照自己的形象创造了上帝，然后把这种抽象物凌驾于人类之上。

文明的历史充斥着各种偶然的超越了日常生活的抽象思想，它们不仅混淆了日常生活的指称—意谓的含义，而且还凌驾于它们之上。宗教战争大概也可以看做是许多抽象物凌驾于世俗世界之上的事件中的一例。尽管各种抽象的思想可能是公正的——它们不仅是抽象的，而且与真正的日常生活交流的指称—意谓的连续性有着难以解释的联系——但抽象性也可能被或多或少地赋予了一定的凝结性和确定性特征。由此我们可以得出结论，后现代的具体化则少有这样的凝结性和固定性。

前现代和现代思想——无论现在该如何评判它们从根本上会产生误导的元话语伪饰——比后现代思想有着更高的凝结性，尽管这仅仅是因为它们作为范畴只存在
49 于人的头脑中，并且在一代代的人类活动中被加以复制。文明概念、神圣的君权以及主权概念都没有准确的经验指代对象，但是它们比起后现代性的建构来说却更加稳定，变迁更加缓慢。现代建构指向的根本不是“现实”的东西；它们只是“现实”的歪曲或理想化。但它们却不像后现代主义者的超现实那样只是昙花一现。那些现代的宏大观念并非朝生暮死，很快就消失，被其他观念所取代。由于它们的长期性、复杂性以及周密性，现代的元叙事、模式、*世界观*（Weltanschauungen）或知识型都能够发挥*真理的功能*。就是说，在这些系统之内，人们可以展现冲突，进行有助于解决问题的论争，宣告自己的主张，并认为它们“可以作话语性的修正”。对于那些消遣式地参加这些追寻的精英来说，元叙事的周密性使得他们足够说服自己坚持某些“现实”的存在是可能的。

C 生产/信息

我们已经指出了人类“现实”在指称—意谓意义上的语言学基础。我们已经指出自足的元叙事的上层建筑曾经有着足够的稳定，因而能够使“现实”得以显现。“现实”的这两种形式在后现代状况下越来越成为有争议的东西。

只要人们为了生计而被迫群体地制造商品，就像现代性的情况那样，指称—意谓的言语交流行为的足够坚实的语言学基础就指涉的是在生产线上设计、制造、完成和收获的“现实”的商品。并且，真实而真诚的交流要以生产商品时的互助合作行为为前提。在市民社会的王国里，相对稳定的家庭单位、邻居和宗教社群也保证了足够的人类互动，为真实的指称—意谓的相关性提供基础。鲍德里亚（Baudril-

lard，1981，第 2 章）的论点——和社会学家丹尼尔·贝尔（Daniel Bell）、交流理论家马歇尔·麦克卢汉（Marshall McLuhan）和新马克思主义政治经济学（Kellner，1989；Poster，1990）的真知灼见不谋而合——是：当发达工业社会把发展重点从生产转移到消费和信息上时，上述的坚实基础正在失去。当通过种植、采矿、生产商品来维持生计的人越来越少时，当机器和电气化取代了粗重的人类劳作时，并且当现代越来越多的人通过掌控信息和符号（常常是鼓励别人消费）来获得消费的优惠券时，“现实”的坚实性正在消失。这种消失更被呈倍数增长的广告信息所 50
加剧，这些信息告诉广大的消费者，现在消费要比生产更为重要。这样，在后现代社会和后现代状况之间就产生了一种直接的联系。

随之而来的上层建筑元叙事的弱化已成为 20 世纪后半叶哲学的主题。和罗马被一浪接一浪的野蛮人攻击并最终摧毁一样，基础主义/现代元叙事的正典也被尼采、实用主义者、存在主义者、现象学家、语言学家、后结构主义者、解构主义者、解释学家等等所攻讦。尼采的“上帝死了”的格言现在扩展到了上帝之眼所能看到的一切范围。所有关于科学、形而上学以及认识论的元叙事遭到了无情的解构，其所使用的工具正类似于用来对宗教作理性的攻击时的工具。曾经战胜神话和迷信的理性与科学正在自己身上重演这场战争，它们已经销蚀掉了自己作可靠论断的基础。

3.2.2　指代对象让位于自我指涉的符号

指称—意谓符号出现于现代性稳定语言游戏中，在那里，真理是可以看得到的并且至少是可以争论的。后现代副现象的符号更多是相互依赖的（即它们是自我指涉的），并开始与“现实”的指代对象脱节（使它们成为副现象）。詹姆森（Jameson，1991）把这称做是“自由任意的能指游戏”。鲍德里亚（Baudrillard，1983）甚至称非指代的符号控制（符号霸权）并决定着“现实”。从生产经济学到消费经济学的这种转变，以及新近对现代元叙事的理论批判，为后现代的超现实提供了历史条件。这项任务描述了这些条件。把后现代超现实的所有精妙之处寻找出来非我们能力所及[5]，但符号转变为自我指涉的动力模式还是相当清楚的。下面的每一项都需要解释：

（1）独白性“交流”的扩展；

（2）虚假社区的产生；

（3）使自由游戏的能指成为自我指涉的；

（4）自我指涉的标识的回归对世俗世界的感知方式的影响。

A　独白性的交流

如果人们同意“现实”就是指社会结构或结构化的话，他就会承认现实的这一 51
社会结构就产生于主体间的交流互动。主体间的现实具有某种矛盾的特质，这是因为在一起形成社会的人的行动、言语和眼神各有不同。主动的参与者通过指称—意谓的语言游戏——在那里有着针对符号的指称和意谓的斗争——维系他们的现实。

那种主体间的社会交流在后现代状况中被打断了。这种断裂的根源可以追溯到现代主义的实践。赫梅尔（Hummel，1994）向我们说明了交流的独白形式并把它与官僚化的语言联系起来，在那里，健康的社会行为的世界被理性地组织化的官僚行为的世界所取代。对等级分明的日常命令的服从伴随着对下属的同情关系。日常与上级打交道的明智的下属逐渐学会把信息与意义分别开来。在官僚机构中，由于语言是和说话者的意图相分离的，因而不能把官员个人与他/她的言辞等同起来。责怪官僚说话带官腔其实是误把单向度的独白当做是健康社会的对话。我们不可能和官僚体制下的人有真正的交流；没有问题可以解决和具有社会意义，因为这些问题都已预先被同一化了，它的解决也是预先规定了的（Hummel，1994）。没有对话，没有机会表达对抗性的紧张关系，没有机会进行口头争论以界定一个问题并决定怎么做。而对这种对抗性的紧张关系的压制正是后现代语言游戏的显著特征。

当信息交流的主要方式是独白式的而不是公共的或对话性的交流时，对抗性的紧张关系就消失了。这一辩证法的最初时刻是说话者/受听者的角色的转换或一分为二。接着，单向度的语言日益以无处不在的霸权方式存在，它一点不受直接反驳的可能性的钳制。这样，公共对话变成了独白。一个显著的例子就是广播媒体的出现和扩展。[6]尽管独白性的广播媒体的发展是和后现代状况相一致的，并且是后现代状况的一个标记，但我们还是小心不要一下跳到因果决定论的逻辑里去（比如说，电视导致了后现代状况）。但无论如何，电视是一个恰当的例子。

52 说广播媒体是独白性的，这需要一点证明。显而易见，大多数的观众和听众无法对媒体有回应。[7]实际上就是没有相互交流，没有对话。人们只能换频道或者关掉电视机。为了"广播中心"的利益，人们以尼尔森系数、市场占有率和观众对广告产品的购买量来对其进行评估。但即使这样，原子化的个人也只是被赋予微不足道的肯定或否定的权力——他/她买同一种产品，可能是因为看了或者没有看电视节目。一个人看什么节目或者关掉电视，那是谁也管不了的。独白实际上不需要人参与，当然也就不会有什么回应。

B 虚假社区

独白的社会根本上改变了人们对社会的观念。比如说，"广播"这个词，就意指从一个中心点播向一些不确定的、分散的听众。一条副现象的信息从一个中心发出去，被成千上万的人收听或观看。声音和图像发出去，创造了一个混乱的、经常经常变换的、仅仅由那些信息即时地会聚而成的虚假社区。这个虚假社区不需要人们有共同的阶级地位、工作、年龄、性别、地区或意识形态倾向。这个虚假社区的成员每一亿分之一秒都在不停地变换，甚至总的数字看起来稳定不变时也是如此。在这些编码—解码的交流系列的接受尾端，人们的注意力和兴趣变化是非常大的——从被动的、昏昏欲睡的、醉意朦胧的电视迷到急切地搜索频道的饕餮者（这是对无聊的两种反应）。这种参与也是受严格控制的，并且只是在播放中心设定的条件下才有可能：送钱到电视台去让他们继续发送；看见你的抵押品登记在大广告牌上；拜访拉里·金（Larry King）或菲尔·多纳休（Phil Donahue）；在游戏节目上为某个地方竞价；在好莱坞度假和做一次"现场"观众。

C　自我指涉和幻象

如果没有世俗社会，电视交流多少就是自足的和自我指涉的。在电视上，历史就是重播肯尼迪政府期间播过的节目，或一个30秒的“历史记录”的足球比赛片段。语言/实践都与日常生活面对面的语境剥离得很多——在那里，社会关系都是通过对话再生的——语言就越需要从它自身中产生和繁衍这些特征。媒体创造的、 53
后现代的、副现象的语言必须模拟它的语境和使观众口技化。由于没有确定的、广播之外的指涉世界以提供一个评价意义之流的标准，主题也就像谈话的参与者一样没有确定的特征。在这种情况下（也就是对可选择的建构性的本体论基础没有任何强制性的抵御），“现实”只能是自我指涉的（Poster，1990，p. 45）。

幻象这个概念说明了自我指涉性。由于接受者不能做出反馈交流，电视交流就在幻象中进行：无穷的复制繁殖而没有实际的源头存在（Jameson，1991，p. 18）。电视剧《A小组》中最先出场的T先生的职业提供了一个便利的例子。主人公是一个态度粗鲁、衣着怪异、心肠好、强壮的黑人越战士兵，一个没有“现实”的个人创造性的组合物——尽管有点荒谬但很真实。他是一个隐喻、一个幻象。这个人物后来成为一部星期六卡通系列片的原型，这是一个回指的系列：一个幻象的幻象。与此相似的是新闻节目主持人——观众在电视上看到的美男照片读稿机——他们穿着旅行夹克，露着胸毛，被派到国外现场，去做一个（现在已经不存在的）现场报道的幻象，在这个过程中他们对所做的事没有一点点情境性的理解。接着，通过把“硬新闻”和发送人的信息混合在一起放进意识流中，假装相信的主持人（很难区分他和真正的主持人之间的差别）就在名牌咖啡节目的快餐新闻或减肥节目中把它们发送出去：这是幻象的幻象。

节目播出在屈从像模板蚀刻一样的钟点的强制意义上说也是自我指涉的。节目的长度和它的相应的普遍化层次——像原始的语言游戏或书本一样——实质上是不受控制的。它们是按照商品销售的时间来安排的。被占满的播出时间是给定的和确定的。电视连续剧或侦探节目的剧情被商业性中断和矛盾解决的节奏控制限定在一小时或半小时。复杂的观众口味的细微变化就可以决定一部连续剧的命运，同时能使实际上可与其他几乎相同的明星互换的明星一举成名。在弗洛伊德学说的意义上说，被漂亮的明星激起的爱欲也由于无穷无尽的死亡本能的重复而消除了。

但正是在新闻广播中——对作为公共政策之基础的“现实”的假定性反映——自我指涉的超现实是显而易见的。新闻与娱乐的差别正日益模糊［比如说，《莫菲·布朗》成为政治素材，皮·维·赫曼（Pee Wee Herman）制造新闻，《今日好 54
戏》是一个新闻、娱乐、教育、商业广告的大杂烩］。奇怪的是，人们无法从不同的渠道得到不同的新闻。从几乎无数的可能会成为新闻的事件中，实际上只有相同的事件在22分钟内被每一个新闻网络播报。新闻并不是发生什么就报道什么。在这种意义上说，新闻是媒体从人们周围发生的事中编造出来的。一旦一个人或者一件事突然进入了媒体的王国，他、她或它就具有了新闻价值，成为超现实的一部分。从各种角度重复报道一件事，比如，洛杉矶警官殴打罗德尼·金（Rodney King），几天后，几周后，几个月后或者几年后还会以它作为最近发生的事的前奏。

一旦成为超现实的一部分，它们就被讨论的人分析，成为认识其他事件的比喻（比如所有的丑闻都被冠以“××门事件”），年终时还会被选为年度十大新闻之一，逢整十的纪念日还会作为历史性的事件被记起。

再者，由于超现实在对话性的话语中没有定位点，没有自身之外的钳制，它的机制便日益热衷于尖叫、粗野、对暴力具有新闻价值的描写，怪异的人类关系（比如《杰拉多》的主题就包括穿过时的晚礼服、留平头的男人），甚至更具挑衅性和侮辱性的谈话节目。从被收音机的报时催起床开始，在吃早餐时看着布赖恩特和凯蒂，包括漫长的转车中途交通时刻表的变更和愉快的谈话节目，到晚上黄金时间的电视节目，人被泛滥成灾的信息包围着。自然地，广播公司不得不以尖叫的方式确保它们的声音能穿过后现代意识以其他方式将其作为背景部分之一的苍白的声音。随着尖叫的加强，被媒体浸透的超现实逐渐远离指称—意谓的语言话语。在现代状况下，这一超现实将会瓦解，在那里，挑战来自外部，断言将以一致的标准予以评判。但是，在后现代状况下，标准被看做是随意的，并且行为也受这种超现实的影响。例如，一个貌似有理的假设是：枪支暴力、男人的性行为和凶杀——在电视上第一次出现具有娱乐/市场价值——后现代状况下就能影响人的行为。[8]

D　向自我指涉的标识的回归——现实的符号化

要证明符号与现实的辩证关系，就必须找到一个能展示因果循环效应（Ollman，1971，p. 58）的东西。我们已经描述过的符号辩证法就始于冲突性的对话，
55 这是一种现代性的语言游戏，但它很快就解体了。从此它就朝着独白的方向过度发展，变成了单向交流。与独白相伴随的是，虚假社区的创造物不足以遏制能指的自由游戏。因此交流成为自我指涉的。但这对公共政策和公共行政有什么影响？让我们通过假定最坏的情况来对此作一番考察，然后再提出人类能够走出我们所描绘的困境的希望。

鲍德里亚（Baudrillard，1983）是最坚定的后现代思想家。在他看来，自我指涉符号的超现实将取代任何“现实”的东西并决定它们。尽管并不完全合理，但其论点似乎是，可以把自我指涉的符号看做是一种标识。正如詹姆森（Jameson，1991）的理论表述的：

> 标识是广告形象与品牌名的混合物，更好一点的情况是，它是已经被转化成图像的品牌名称，是一个符号或标志，它在自身之内以一种近乎互为文本的方式传递着早期广告整个传统的记忆（p. 85）。

在高速公路上看见金色的拱门会使一个儿童垂涎三尺吗？标识也可以看做是代码。而所谓代码，就是暂时的、可变换的规则，超现实就是通过这些规则形成生活世界的知觉和经验。比如说 Nike 这个标识就是形象和口号互为文本的组合体（带汗的、体态健美的、肌肉强壮的身材，迈克尔·乔丹，“just do it”），除出售安全舒适、价格高昂的运动鞋和运动衫以外，这些形象和口号还作为代码发挥作用，它们就贴在那些买和穿这个标识的人身上。这样，“Nike”这个代码就有人把它和舒

适，甚至和性伙伴联系起来。这个形象也许是由于此标识主要出现在运动衫上而产生的。流行小说家也许会写道，“她是一个贝克斯托克女孩”，以此召唤年轻的、卷发的、未经装饰的嬉皮形象，她们还是1969年时代精神的真实写照。最近的一次汽车拉力赛强调代码甚至到了这个程度，以致没有展示汽车本身。买一辆Steston，加上脚趾尖尖、后跟高高的靴子，“古典的”蓝色牛仔裤和花里胡哨的皮带扣，你就可以把自己投入到狂野的西部幻想中去。

决定或影响知觉、经验和态度的代码的合理性（不管它们是否作为标识）由于朋友们的例子而引起注意——那些朋友们住在郊外相对安全的中产阶级圈子里。他们生活在对持枪射击、暴力团伙和塞车的恐惧之中，这并不是他们或临近的人直接 56
经历过这些威胁，而是因为有2 000万收视者的媒体每天夜里向他们播放这些节目。一个人自己的安全经验与其说是“真实的”，不如说是从夜间新闻和11点的电影中得到的“现实”。某人家里水管冻裂、一场火灾、在大雾中迷了路，这些不经过晚间新闻证实都不算“现实”。某个家庭的不幸不经过《尖篱笆》、《人民法庭》或（没有人有如此不幸）《杰拉多》的模仿就算不得“真实”，在此，副现象已经取代了实际的经历。辛苦工作的、中产的非裔美国男人总是抱怨别人泊车离他们远远的，避免和他们目光相接，在街上碰到时，甚至走到街道的另一边去。在此相遇被预先代码化了，通常这并非来自现象的经验而是来自副现象的经验。因此，在一定程度上说，超现实会反过来影响人的观念、经验和态度。

3.2.3 “现实”的弱化

在第一小节，我们确定了现代性作为相对稳定的交流的基础，进而肯定了它被瓦解的历史条件，并为副现象的能指搭建了舞台。在第二小节，我们阐明了一种辩证模式（以广播媒体作为例子）来说明符号是如何成为自我指涉的。现在我们要转向下一个问题：“现实”的弱化到底有多普遍？或者更明确一点说，还有其他什么东西可以用来说明自我指涉符号的辩证法？让我们做一次航空旅行，去看一个主题公园和经历一场战争吧。

A 连续化社会中的独白体验

正如我们已经证明的，现代性具有一些共同的标准，真理的功能就源自这些标准。现代性有极权主义的倾向，但我们通常能够确认“火车按时运行”这类断定的真实性。我们知道火车是什么，有时刻表告诉人们“准时”是什么意思，我们也有钟表报时。但是断言飞机按时飞行却只能通过航空公司提供的统计数据来确定。更糟的是，我们相信这些数据，是因为它们是由我们的兄弟姐妹般的代理人、航空服务员传达的，我们既不能提问，又不能反对。相似的情况是，乘客蜂拥着挤进停在停机坪上的拥挤不堪的飞机，航空公司对乘客的耐心既没有感觉也没有表示任何感谢。真正的对话和信息传达是可能的，但乘客受到的是媒体消费者一样的对待，他 57
们的反应也口技化了。乘客——也许注定他们只能对广播沉默地接受——无法追问“短时延机”的精确含义。通告是单向性的。乘客就像不加区分的密码被随意的力量扔在一块儿组成一个虚假社区。他们是萨特（Sartre）（Hirsh，1981，pp. 76ff）所称的“连续化的团体”，仅仅因一次航班偶然聚集到一起的一系列原子化的个体。原子化的他们没有真正社会的那种团结性——他们正是通过这种团结来要求更好的对待和更有人性的人际关系。

度假也是用来在连续化的虚假社区消费独白性交流的，尤其是在各种主题公园里。长长的队伍洋洋大观地排着去看新奇，年轻的导游讲着烂熟的风趣话，这些偶然聚到一起的个人或家庭没有机会插嘴。俨然快乐时光的照片——适合装在镜框里——在末了说不定还有买主。即使没有，由柯达（Kodak，一个标识）记录下来的这些有帮助的符号还可以告诉别人是在哪里拍的照，以保存从来没有过的记忆。还有，不论你去什么地方，那里的周围环境在你离开时和刚到达时丝毫不会有变化：相同的机场、相同的旅馆、相同的超市、相同的高速公路。居住在这些建筑物赝品里的是可随意替换的人，穿着相同制服的小人物、标识和隐喻。在加利福尼亚、佛罗里达、东京、法国，现在还有弗吉尼亚的迪斯尼主题公园里穿着米老鼠服装的明星们，已成了一个想象的老鼠的幻象。历史本身也成了商品化的幻象：带着其（自相矛盾的）“真实的复制品”的殖民地威廉斯堡；规模宏大的史诗电影《阿拉玛》［它比真正的（即真正的复制品）阿拉玛更流行］；按时出现的幽灵小镇（Huxtable，1992）。还有为了让你娱乐，不时地会从一个金属头盔里冒出互动的虚拟现实。

B　现实与虚拟能区分开吗

后现代的人们能一方面保持对虚拟的历史与“现实”之间的区分的批判能力，另一方面又保持更加真实的有关生活世界的现象学经验吗？毕竟，甚至战争也副现象，就像根据一次阅兵式制作的电视短片。但是，一部短片似乎比体验海湾战争的
58 方式还要“真实”。人们看到记者气喘吁吁到处寻找防毒面具，绿色信号弹的巨幅照片毫无联系地（通过记者）解释着一切。还有新闻发言人（穿着工作服的记者）向民间记者发布简短消息；记者采访退休的军事专家（现在受雇当记者）；记者们在旅馆里相互倾吐自己的困苦（贝尔尼坐在下方，自杀的皮特看着窗外）。接下来，记者开始分析自己在现代战争中的作用。消息是自我指涉的传媒。除少数例外，新闻通常都不是第一手的报道（即使这些是令人怀疑的；一个来自科威特外交官女儿之口的第一手报道结果被证明是假消息，媒体事件总是出于华盛顿咨询公司的安排）。在战争中——被表达成自我指涉的副现象——没有烧焦的或流血的尸体被抛进卡车车厢。反而记者们相互交谈着，道出无尽的没有“目击者”亲历过的想象的事件的符号或名字。关于爱国者导弹命中率的及时报道通过后来的分析，看起来是大大被高估了——在沙特阿拉伯上空或通过 CNN 看到的闪亮的绿色火焰并非成功拦截即将到来的飞毛腿导弹的指示器。到 1993 年，记者才开始给被他们夸张吹大的科技气球放气。[9]

海湾战争的副现象特点可以解释其短命的政治效应。更为激烈的战争记忆是长期的，其政治影响在几代人心里起伏。布什的共和党战略家一定被海湾战争胜利的短暂陶醉、民意测验中的高支持率冲昏了头脑，并一定对随之而来的对在任总统竞

选前景支持率的下降感到意外。这一支持率的下降，被第二年一度受欢迎的加拿大总理吉姆·坎贝尔的竞选失败——其中支持他的进步保守党减至两票——所遮掩。在后现代超现实中，看似任意的、变化莫测的更替能使一位总统或一位部长受欢迎一年，但是这个人也会在下一年的民意测验中遭到失败。一个看似真实的假设是：这种社会健忘症乃是媒体介入的后现代超现实的弱黏性的结果。那些靠想象活着的人……

在后面我们会再来思考后现代的超现实的政治影响。眼下我们的目的是至少把边缘的有效性归于这一命题：现代的“现实”已演变为后现代的超现实。要综述这一点，只需回忆一下早期启蒙运动/现代哲学家笛卡儿著名的理性主义命题“我思故我在”。接下来，是马克思的“我生产和劳动，所以我存在”。而现在，“我购物， 59
所以我存在”似乎更合理一些。也就是说，我们现在作为消费者不再像以前作为思考者或生产者那样是受内心引导的了。那些早期从事创造性活动的人本身不像后来后现代的人那样易受符号的操纵和影响。他们更以自我为中心。思考者和生产者有个人经验作自足的基础，不易受影响，不易被符号制造者所操纵；他们紧握着自己的创造物。

3.3 新部落主义与非中心化的自我

在黑格尔、斯宾格勒和汤因比抽象价值的层面上说，占支配地位的实体的消亡导致了向心的碎片化。例如，令人感到压抑的苏联社会主义的地位的上升释放了先前被禁锢的民族主义者的认同和渴望。早些时候，奥匈帝国的灭亡导致了巴尔干化。后现代理论提出了一个相似的辩证法，其中居支配地位的现代主义的消亡导致了折射性的后现代主义。尤其是，当一般地通过阶级、性别和宗教而界定为“现实”的东西是自我指涉且空洞无物的东西的时候，那所召唤和允许生长的东西就是先前被压制的亚文化的不同的世界观。这种世界观，如塞尔维亚人的民族主义，才刚刚趋于成熟，现在就可以随心所欲地表达他们的幻想和特殊解释，就连普遍主义的主导世界观也无法阻止它。从宏观看，现实是薄弱的。从微观看，对“现实”的厚描充斥着合法性的真空。酷儿一族（Queer Notion）、宗教派别、“大卫教派”（Branch Davidians）的信徒、黑人民族主义者、雅利安民族、瘸子帮（Crips）以及其他组织都认为其成员是可以被教化的，他们以这样的自我指涉模式前进着。另外一种方式是，想象中居支配地位的共享文化的弱化要求众多厚重、强壮而自我包含的社群参与，其边界由各自的领导和知识分子所监督。关键问题在于，这众多的观点是一种新部落主义，还是许多不一致的统一体的前言，抑或是摆脱了一堆堆顽固的现代正典的束缚的丰富话语的序言。我们下面要提出的与部落制相反的论点基于以下三个相关的具有后现代思想的主题：（1）他性与差异；（2）他人间的不可通约性；（3）非中心化的自我。

3.3.1 他性与不可通约性

60 后现代主义作为一种思维模式或一种观点（而不是我们所称的后现代的历史时代），是对“他性”和“差异”的承认与合法化。这源于它对现代基础主义的攻击和对其元叙事的谋杀。再者，普遍的元叙事的消亡把先前稳定的意义置于游戏的境地，它们受到女性主义者和其他人的其他团体的欢迎，这些体现着差异的组织非常合乎逻辑地声称，现已名誉扫地的启蒙运动正典的普遍性只是对白色人种、富人、家长制、欧洲中心的特权阶级的特别辩护。进一步说，一种对世界观的断言行为是被迫性的。另外，不同的存在方式和不同的看问题的方式也值得尊重，因为它们过去曾受那些（我们现在这样认为）有偏见但有权威的傲慢的世界观的抑制。在后现代条件下，任何特殊的辩护对有效性都有同等的诉求权。而且，由于过去在主导的元叙事——现在则认为其主导地位是非法的——的影响下受到压抑，那些不同的存在方式和不同的看问题的方式如今也值得额外关注。因此，左拉比·特斯拉特里（Zurab Tsereteli）为伟大的船长哥伦布作的311英尺的雕像，原本是俄罗斯人为庆祝他到达圣萨尔瓦多500周年献的一件善意的礼物，现在却被要求运回本土，雕像的头部在福特·拉德达勒，其他部分，最后听说仍在俄罗斯的圣彼得堡。“他人”认为哥伦布的种族灭绝和侵略是有罪的，他们再也不愿作为他人充当被别人支配的牺牲品。

但是如果所有的辩护都是特殊的，为什么任何一个处于亚文化碎片中、有着特殊的世界观的个体要不厌其烦地去评价与其相异的事物的有效性呢？如果一个人的他性和差异是值得欢迎的，那随之而来的恰恰是根本上属于他者的身份的那些方面将得到重视，而相同的方面则会被忽视或被看不起。他性的扩散意味着社会的碎片化在延续和膨胀。

没有深度的大众文化和缺乏合法性的高雅文化导致的厚描模式的亚文化的多元化增加了不可通约的错觉（Bernstein，1992，第3章）。把不可通约问题作为学术史的问题来加以关注，是库恩（Kuhn）1970年的畅销书《科学革命的结构》的结果。库恩认为，科学范式是彼此联系，不可通约的。一个范式是由逻辑相关的命题组成的系统，是能充分解释给定科学问题领域的现象的命题的总和。当现象与范式的命题不一致时，范式受到威胁，这些现象称为反例。反例的增殖引发了理论系统
61 的竞争，要求能解释出现的反例，也要求更好地解释先前已被解释的现象。在库恩看来，科学进步就是旧范式被新范式所取代的革命。库恩的科学史表明，一个范式对另一个范式的胜利与其说是一种特别的连续性和解释能力的增强，不如说是年青一代取代老一代专家。讨论、对话、学术争论并不能解决问题，因为完全不同的预设是经不起检验或辩驳的；预设预先决定了拿什么证据来辩驳是可接受的。一套范式的假设不能“看见”另一套范式提出的论据和材料。

如果说人们还能相互谈论科学的历史、理性的基础和礼貌争论的范例，我们能期望从其他崇拜中得到更多吗？我们能期望基督教右派放弃基本的证明生命意义的

预设，去同意接纳活跃的同性恋者吗？如果科学运作的方式就是野蛮的范式革命（不是演变），那么，比如说，在秃头和“瘸子帮”间，我们能有更好的解决冲突的办法吗？有一些相信他们是欧洲中心主义文化的受害者和一些将生命献身于保存传播莎士比亚、弥尔顿、柏拉图等人和他们的文献的人，在这两种人中，我们能期望他们关注文明和范式转换吗？难道说一个组织必须在行将就木时才允许他性的实现吗？在硬科学中，证据更有说服力，比上面提到的争论少些主观性，库恩在硬科学方面所做的工作对于上述问题暗示了一个令人失望的答案。在没有公共的东西而只有超现实的情况下，个人就像在夜间航行而又没有航标灯指引的船。

不太极端的碎片化方面的例子随处可见。政治学，在我们中一些人的生命里，曾一度是一个学科，研究的是单一的公共世界。它在逻辑实证主义哲学那里有坚固的（现在看起来是神秘的）认识论基础。它有一套方法论叫行为主义，是被那个基础证明为有道理的。有关美国政体的良好假设向它提出了一个不可信的、典型的疑问（参见第 2 章）。不论其特殊性是什么或会发展成什么，都有共同的标志性的著作、概念，享有盛名的作者被适当神圣化，成为美国政治学协会的主席。能被每个 62
人读到的合法杂志为数极少，而在这些合法杂志上发表文章是走向民族认知、名望和任期的通行证。这对于政治学而言似乎是高级现代主义的时刻，它如同美国世纪一样已持续了大约 25 年。我们说，政治学现在不再是前面所描写的那个意义上的学科。它的“现实性”削弱了，因为它的基础遭到怀疑，方法论遭到挑战，它的认识变得有疑问，而这一疑问是由于各种事件（如：越南、水门、暗杀、选举人、冷漠）和由事件发展来的强有力的批评所引发的。

政治学现在是个庇护词，像高速公路的转弯符号，指引大家去别具特色的各种汽车旅店，在那里，许多零散的群体逐渐相聚在一起。部门的扩散，同样还有各种人文学科的增加，都是这方面的证据。另类的杂志开始提供不同的特色、方法论甚至意识形态。在学科的碎片化的状况下，已不可能有人再获得全国性的声誉了，比如说像舒特斯内德、特鲁曼或 V. O. 基（Schattschneider，Truman，or V. O. Key）一样。在大约 80 个曾阅读、欣赏和引用过我们的著作的学者网络中，我们现在知道有些人有着全国性的声望。我们猜想，来自某一个组织（比如说城市政治学）的人和别的组织的人（比如说国际关系的正式的缔结者）很难有严肃的实在的讨论。不同组织的成员不会读相同的材料，不会看相同的杂志，也不会被同一本新的重要的著作所感动。的确，成为一个通晓数门知识的通才是不明智的。一个人可以有不超过两门亚亚领域方面的集中而详尽的知识，在那个领域他发言或发表文章。我们大家共同拥有的书本只是一些骗人的、通俗的、关于美国政府的介绍性文章，它们是给那些注意力不集中的后现代学生用的，这难道不是一种讥讽吗？[10]

确切地说，学科分支的发展并不必然地是库恩所描写的不可克服的范式的不相兼容性的证据。更确切的标签是准不可通约。分离的、部落化的话语社会由于漠视或文人相轻以及在基本的认识论层面范式的不一致而彼此分离。个人的认同越是与亚文化的碎片联系在一起，这一认同就越易被更为精密的社会构型所取代——“城市主义者”或“奠基者”取代“政治学家”；“大卫教派”信徒取代基督徒；女性主

义者或同性恋者取代中产阶级的美国人。上层人士似乎更倾向于不可通约或半不可
63 通约的。新部落主义的潜在结果是认同决断的微观政治学取代了更普遍的国家、国际的意志构型。正如詹姆森（Jameson，1991）所指出的，“如今社会代码正令人吃惊地繁衍成为职业的和学科的术语（而且演变成为民族、性别、种族、宗教和阶级—党派的标记），正如微观政治学的问题充分证明的，这也是一种政治现象”（p. 17）。

但是，难道说我们就不能超越宏观方面空洞的局限和微观方面认同的精细吗？除非非中心化的后现代告诉我们说：不能。

3.3.2 自我的非中心化

我们的民主机构、经济回报体系、立法体系、伦理体系以及学术传统都不自觉地把自足个体自我设定为自己的基础。个体可以自由选择并要对此负责；个体有独立见解。这些观点构成了有关基因捐赠、历史—文化生活经验等的无限可变的编辑物。对自我的这种理解受到后现代主义这一标题下所有能收集到的“主义”的批评。或许是为了起到震惊的效果，或许是因为过度杀伤的修辞也在哲学中流行，主体已被宣布死亡（Foucault，1970）。无论随后自我的重新理论化如何多变，后现代主义仍然联合起来贬低现代性的自我，认为启蒙运动“太中心化、太统一化、太理性主义，总之，太笛卡儿主义”（Poster，1989，p. 53）；“我思”（我思故我在）所意指的构建性的自我是不可能实现的理想。

强大的、自足的、构建的自我与后现代观点相矛盾的地方在于，后者强调语言游戏和现实的社会建构的独特性。所有这些后现代的分析都和可调教的个体相一致。例如，实用主义者提出“镜像自我”，认为个体是他人反映和看待那个自我的方式当下的总和。法国后结构主义者强调特殊结构或知识型的重要性，成问题的是，他们甚至也强调极权主义的思维方式和存在方式的重要性，认为它确立了在所有生活空隙中行为的期望。英格索尔和亚当斯（Ingersoll and Adams，1992）证明了这样一种占主导地位的思维模式：无言的组织。正如我们所看到的，鲍德里亚竟然声称是空虚的、自我指涉的代码在言说我们：我们是贝克斯托克女孩，耐克男孩或城市牛仔。在文学批评领域，以前被认为是创造文学文本的作者本人，现在被认为是更大文本的表达者；南部言说着福克纳。

64 对于我们的目标而言，重要的是，非中心化的自我不足以抵制日益弱化的现实或新部落主义。

3.4 后现代状况：正统、宪政主义与社群主义

后现代市民对信息的掌握并没有达到主要用于操纵消费者的飞逝的影像狂轰滥炸的程度。独白式交流的标志——现在具有公共交谈的特征——即电视生产了一个

商品和符号的超现实，只有金钱才能维系下来。这些沟通的障碍是实际存在的；竞选花费的成千上万美元对于国家或机关不过是微不足道的一笔预付金。[11]“现实”的黏度像电视中的现实一样稀薄，后现代交流的独白倾向在上升。后现代政治学是符号操纵的拟真政治学。

3.4.1　现代与后现代的符号政治学

首先要说明的是，精英操纵符号并不需要后现代的批评；但现代主义的符号操纵与后现代的拟真政治学之间的相互作用确实值得研究。默雷·埃德尔曼（Murray Edelman，1964，1971，1977，1988）——他的符号政治学建立在现代性的基础上——是政治学领域杰出的符号政治学理论家。在一本对埃德尔曼著作加以复制和简化所形成的教科书中，符号政治学安抚了弱势群体，而实际政策对重要人物的回报却大大有利于有影响力的、有组织的以及使这一切成为可能的有钱阶层的利益。根据这一分析，立法机关的法案的修辞性的序言（例如，挽救家庭农场）被发展成非解释性的流行假设。显而易见的是，精美的印刷字体和子条款包含的分配政策有利于农贸联合体。这是适应于高级现代性的状况的分析。并且尽管政策为了组织的利益而被歪曲，但它确实主张修建高速公路，使国家的边远地区实现电力化，建设郊区。尽管存在缺点和被歪曲的部分，但它属于一个“真正”的政府。传统模式可能需要改革，但它一度具有合法性和事实上的价值。这一情况已经改变。

A　符号政治学的今与昔

那么，什么是新的？政治本身一直以符号为中介。只有少数政治是我们直接经 65
历过的。尽管一个政治家要吻我们的孩子，吃我们民族的食物，或戴我们滑稽的帽子，但这都是符号。国内战争后的政治——当“被鲜血染红的反抗的旗帜”飘扬了几十年的时候——当然是符号性的。在具体管理（解决问题）的名义下只有很少的一部分来自这些符号（Sundquist，1973）。自从文明降临之日起，物化（从自然中取得符号和名称，仿佛它们是真实的物体）就是人类环境的一部分。但是环境改变了。不论物化是如何被用于证明其解释体系合理性的，现代性都拥有更为可靠的元叙事，它至少对内部冲突的事实很敏感；现状的反对者和支持者都可以使用事实功能。

为了显示差异，我们把法兰克福学派的哲学家赫伯特·马尔库塞（尤其是《单向度的人》，1964 年）和一个后现代的比喻相比较。与事实相反，我们假设对于那些受益于现状的阶层（根据马尔库塞的术语）而言，存在一个中心智力激励机制。在现代的策略中，既得利益者可能会在他们的俱乐部、大学和思想库中进行密谋，以产生一些（霸权性的）思想体系，一些逻辑上一致并相对可靠的对于世界的元叙事，通过它们，就可以把握、控制世界的各部分的关系——不论多么虚假——并由此将其合法化。并且，这一元叙事的边界具有足够的伸缩性，因此可以通过用自己的术语重新解释相互对立的可能方面来同化和吸纳它们。马尔库塞的单向度理论实际上就是：把一切他者的东西都简约为一维的整体性的元叙事。因此当市场以非常昂贵的价格提供了新的“旧”牛仔服时，为了表示抵制消费主义而穿着旧的牛仔服就是被同化了。马尔库塞的描述仍然在回响；某些政策公布的仪式，例如合众国的演讲，仍要求元叙事的同化。但是现代的同化被后现代的策略极大地扩展了。

在后现代的时代，同一个与事实相反的中央智力激励委员会（创立机构）会拥有不同的策略，尽管赢得其他人认可有利的现状的目标是一样的。这一机构并不依赖于旧的可靠的元叙事（正统模式是其中的一部分），因为即使根据由这样一个元叙事制定的扭曲的标准，现状还是经得起激烈的批评的。后现代状况不能拯救元叙
66 事，相反，它使得元叙事更容易不断地将注意力完全离开叙事。它不是解释贫困程度，毁灭的城市，环境危机和失业率或犯罪率，相反，它创设了一系列无止境的无关联的影像，以迎合更为重要的忧虑。它不是形成一系列无穷尽的分散注意力的“不真实的，可任意处置的物化”（Fox and Miller，1993）以作为短命的、事先包裹好的概念的艺术噱头——当打开的时候，它就消失了——而是散播意识形态的小册子，大量的影像，就像百事可乐或百迪啤酒的广告战，当它们的新鲜感或作为媒介的生命终止时，就可以被无休止地复制。我们认为这是里根、布什等公共关系总统的天赋。[12]

B 为获得意义而战

我们既没有根据一种密谋理论——所有的明星都知道他们在哪里——来宣称也没有根据它来思考他们正在做的事情以及他们在哪些方面适合某一主要计划。不过我们确实想表明与前一小节描述的类似的情形正在发生。在控制想象的战斗中——现在后现代状况已使其更具有渗透性——个体的市民作为独白的受害者，接受了信息但却无法塑造信息。如果说现实弱化的主题还有什么有效性的话，那么投票的大多数人，特别是很少被关注的左右摇摆的投票者，将没有任何独立的基础去判断竞争的政治企业家和他们的布德·利特竞选战的真实性。对于混乱的情况而言，没有一个深思熟虑的政策投入能够让自己挤入圆圈之中。没有一个意愿构成是来自人民的。媒体把所有重大的问题都变成了琐碎的小事，而不考虑它们的重要性，它将继续调侃、涣散和创造那一自我指涉的超现实，这一超现实将离可能会改善世俗世界的实际问题的政府越来越远。此外，由于新部落主义已成事实，以符号为基础的投票这一问题将继续产生涣散的、无活力的和空洞的噪音，压制任何在政策形成上可能有帮助的清晰的信号。

但是许多游戏者确实拥有资源。官僚精英、新闻记者、广告设计者、政治顾问、依赖思想库的知识分子和学术机构都有发言权。由于从事这些行业的个体服务者是有报酬的，所以假定那些有权给别人报酬的人在争取获得意义的战斗中能力有
67 限并不是没有道理。[13]后现代独白式的沟通产生的问题就在于次序的可能性：理性的话语，导致普遍意愿的形成，导致旨在改善社会问题的政府治理。

我们已经把传统模式与现代和后现代的符号控制联系起来，并对传统模式的民主宣言提出了质疑。后现代的状况也给宪政主义和社群主义的选择带来了困扰。

3.4.2　解除正典

作为一个以宪法为基础的机构，有黑堡倾向的公共行政管理提出了普遍化的诉求，或者说是一种宏伟叙事，而这正是后现代主义急于消除的东西。基础主义的诉求不过是有策略技巧的元叙事。

A　宪政主义的基础

从学术的层面上说，在后现代状况中，任何想最终使自己成为正典这样的东西的企图（如建立一个机构或社会契约）都将受到攻击、解构和抛弃。后现代主义激进的唯名论对普遍性的诉求有着特别的敌意。类似主权的这类物化已被当做具体化的叙事而抛弃，除非通过自我指涉自己的特殊正典，否则这类诉求就毫无指望。如果宪政主义者坚持一种创建版本，那么易洛魁人（Iroquois）就可以提供一个有关宪法的不同叙事。（这就是说，美国白人所谓的创立不过是易洛魁人政府结构的剽窃版本。）由于“现实”处在快速变化中，来自不同时期、出于不同目标结合起来的机构将会失去其重要性，并且冷漠的、相信因果报应的后现代公民并不是唯一的不愿为西方传统承担责任的后现代游戏者。由于这种安排可以看做是精英组织的特权，因此老的建立在传统基础上的机构将会失去且再也无法恢复合法性。机构存在的时间长短在很大程度上并不是依赖于合法性，而是依赖于没有足够的力量放弃旧的机构的政治过程的僵局——这是宪政主义者所不愿看到的。

对正典的批判既可用于宪政主义，也可用于传统理论，这仅仅因为传统理论实际上是以一种主导的元叙事为前提的。另一个发生效力的元叙事是主权，它通过后现代主义的棱镜，以另一个物化的人造物形式出现，并力图创造确定性的幻觉。 68

B　主权社群

就社群主义/公民主义的模式中以“社群”取代“选举的官员”而言，环式模式实际上并未受损，官僚制可以服从于一个新的君主，正如设计过管理科学的伍德罗·威尔逊（Woodrow Wilson）说过的，中立地服务于共和党人、君主或任何领导者。社群作为物化的整体，适合于这些当中的任何一个。所有这些合法化的策略都尊崇它们自己的主权并把它归因于一个更高的现实，它的效果/意图就是要在制度上以谋略胜过竞争对手。

但是社群主义/公民主义策略的提倡者并不一定会将一个人造物物化为主权。我们的理解是，更多的时候，人们总是把社群描述为一种以平等参与和互动为目标的文化发展。但如果社群的发展是倾向于不可通约性，那社群作为一种文化发展就代表着不同的困难。

3.4.3　在连续化的超现实中彼此超越

社群主义者希望所有的公民都参与社会，因为参与本身就是充分发展它们的潜能的关键。在此，社群作为一个有问题的，而不是已经完成的东西（或物化的人造物）而存在。它需要培育、照料或发展。有希望的是，公共行政者能促进这一社群主义的参与，从而实现他们自己的潜能。此外，作为公民的管理者还能借用政体以反对技术主导论的主导地位。但是从总体上说，后现代性不可能促进这样一种期望，即公民对管理工作的大量回报。更有可能的是，日益高比例的人口将会被超现实的现象所困扰。

后现代的第二个难题——比超现实的困扰更为敏感——同样威胁着社群主义的理想。社群主义能否成功地让人民走上论坛还是个未知数——即使能够，他们又能谈论什么？社群主义假定了普遍性，即任何人都会根据他们不同的但又足够相似的
69 有利观点进行沟通。但是在后现代的环境里人们对足够相似的有利观点的存在产生了质疑。所有的普遍性都受到了质疑。因此公共对话并不一定是一场所有人反对所有人的战斗；它不仅仅是针对任何特定事物的。在其关于后现代主义和民主制的著作中，波特维尼克（Botwinick，1993）提到了奥克肖特（Oakeshott，1991，pp. 489-490）对这种对话的评论：没有询问，没有争论，没有断定真理诉求的一致基础，没有可被检验的建议，没有劝说，没有驳斥，没有有关语言对于每一个人都意指着同样的现象的要求。差异是可能的，但各分歧之间毫无关联。在这些对话的活跃时刻，来自不同派系和不同反对党（NIMBYs）的辩论者会带着严格不变的观点和墨守成规的手稿来到公众听证会上，并预先对于下一步该怎么做组织出真正的话语陈述。因此后现代的新部落——不能够彼此之间就某种亚文化进行有效的交流——无法挽救大众社会，提高日益贫乏的后现代超现实的黏度，或提供超越新部落主义的普遍基础。

我们一直同意这一点，即参与要优于不参与。但是在后现代的境遇中，负责任的社群主义公民似乎极为缺乏，也许根本就难以获得，这是后现代的第三个难题。当社群分裂成了常常由于其消费行为的偶然性而走到一起的一系列原子化的个人时，社群就不会形成政治技能。新英格兰的城市会议激发了对真正民主的怀旧的幻想，但是这些会议的参加者并不是参与者。他们中的大部分人只是静静地坐在满屋的陌生人中间倾听任何一个拿着话筒的人的讲话。城市大厅集会成为了另一个连续化的社群。

在连续化社群之外是新部落，他们坚定的话语与其他新部落的话语十分不同。即使他们可以坐在同一个地方，也无法解决公共政策问题。社群主义者能创造一个新的公民参与部门（Department of Citizen Participation），它的任务是促进社区的参与，但是它与那些被讨论的问题无关。天哪！社群主义者就像一群赌徒：重要的不是赢了或输了钱；而是在赌博过程中发抖。

后现代状况不可超越吗？我们不希望与某一确定性的立场联系在一起，这一立场宣称我们通过了某一桥梁进入了一个黑白电影的幻想世界，并且没有回来的可能。影片《巴西》描述的并非我们可怕的未来。但是我们认为，无论后现代意识、超现实、弱化的民族文化以及新部落主义具有怎样的有效性，正统理论和民主代表
70 责任制的反馈环式模式都比我们在第 2 章末尾讨论的结果更加令人不满意——如果可能的话。宪政主义/新制度主义的选择在一个对正典怀有敌意的时代尤为难以让

人信服。同样，社群主义的理想主义尽管迷人，但是考虑到市民的冷漠和社群的受到质疑的地位，它似乎也是不合适的。后现代性也攻击话语，使我们自己建立管理的话语理论的努力变成了堂吉诃德式的狂想。但是我们已设计了一个可以抵抗某些病毒的免疫系统——这些病毒已感染了其他新生的替代正统的范式。现在是为我们这一替代性的模式奠定基础的时候了。

注 释

[1] 安东尼·吉登斯（Anthony Giddens，1990）——与其他人（Jencks，1991；Suleiman，1991）相比——做出了一个强有力的论证，即我们不应该把当前的时代看做是后现代，而应当看做是激进的现代；现代性已发展为一个强大的、完全有可能失控的摧毁性力量。吉登斯是一位在组织理论上有影响的社会学家，因而在我们希望占有的文献领域深受推崇。他通过对相对惰性的组织结构进行"结构化"的透视来对当前的趋势进行分析。如果我们没有被越来越多的处于支配地位的超现实的符号所困扰，并且我们的意识没有被电视所影响——这些现象在他的著作中基本上未被考察，或者说（在我们看来）是强调得不够——那么，我们会对他的观点表示赞同。除了被这些现象所困扰，我们的分析还受到后现代的符号政治的影响。但是，正像我们所定义的，后现代的状况是中介化的（即被身体—主体的具体世界所包围着，正如第4章所描述的）；因此后现代与极端的现代之间的区别将以一个基本上是（仅仅是）语义的争论来结束。

[2] 而且，对立技术是现代主义的分析法宝。由于我们并没有宣称自己是后现代主义者，所以我们可以求助于这些方法而不必受到什么惩罚。更为不齿的事是，我们在本章中大量借用了后现代主义的言论，不过只利用它们的观点——它们是十分可怕的，因此需要认真对待。

[3] 尽管我们由于环境、血缘关系和组织成员的共同经历而联系在一起，可后来我们仍然希望保持个性化的可能性，至少保持足够的个性化，以便充分稳定的立场能反过来考虑到话语所需的紧张关系。

[4] 这一论证所假设的观点可能会干扰那些认为自己的真理在某一普遍的意义上同样真实的人们。为了对后现代主义作简略的描述，我们必须在一定程度上事先假设它优越于所有现代的元叙事；我们还要表明后现代主义预示了尼采的成功（MacIntryre，1981，pp.109-120）。我们不能既展示现代/后现代的区别，同时又在现代主义内部拉开战场，就像我们和其他人在其他地方进行的战斗那样（Fox，1980，1989）。

[5] 可以接受伯恩斯坦（Bernstein，1983，1992）的解释。天主教徒对于理性批判的解释——尽管根本上借用了亚里士多德的学说和托马斯的学说——是十分出色的；另见麦金太尔（MacIntyre，1981）或琼森与图尔明（Jonsen and Toulmin，1988）。在英语哲学世界里，最有影响力的反基础主义者可能要数维特根斯坦（Wittgenstein，1953）和理查德·罗蒂（Richard Rorty，1979）。

[6] 也有人会说对于电子媒体对意识的影响在理论上既阐述不足，同时又阐述过多。我们认为对于 71
媒体的影响很少就其本身作实质性的理解。对于广播媒体的分析一般地附加了对其他语言的、政治的或商业现象的分析，以帮助得出最初来源于某些其他理论问题的观点或帮助说明它的有效性——事实上，这正是我们要做的事情。尽管如此，电视，无论就其广泛性而言还是就其影响的扩大程度而言，都是一个独立的媒体类别，它是所有其他媒体的聚合。考虑一下单单小说分析就耗尽了无数学者的心血，而一则电视信息就包括了多种媒介：声音、印刷文字、音乐、二维艺术、电影等等。当然要汇总学界对电视的分析的不足既超出了我们的打算，也超出了我们的能力。我们的分析的重要方面依赖于波斯特（Poster，1990）的观点。另外还有凯尔纳（Kellner，1989，1990）、鲍德里亚（Baudrillard，1981，1983）、詹

姆森（Jameson，1991）的观点也很重要。

[7] C-SPAN至少像美国政府对着1 300人的演讲一样，是独白性的；谈话节目和“互动”电视都无法摆脱这种普遍的独白方式。

[8] 谈到电视暴力和色情节目导致了真正的暴力、性侵害以及性骚扰的不断上升时，我们指的是可能性而没有得到经验的论证。我们假设恐怖影像不断的狂轰滥炸会使身体对类似现象的经历习以为常是可能的。同样，我们假设人们对电视影像与现实生活现象的区分（可能一段时间后会做得更好）也是有道理的（见第4章对身体—主体的详细分析）。

[9] 但不会同时影响国防部反弹道导弹研究计划的资金注入。

[10] 当前流行的实证理论、理性的/公共决策理论以及数学模型是对一般“现实”的弱化的反动，这难道不也是事实吗？它们也是自我指涉的，也脱离了日常管理的政治与政策“现实”。它们也是鲍德里亚意义上的代码：“当代理论首先是以文本指涉着其他理论而不是指涉外部‘现实’”（Kellner，1989，p. 64）。

[11] 当医药制造厂联合会决定介入竞选反对医疗改革时，它们预付了85万美元作为6个月广告竞选和雇佣杰迪·鲍威尔（Jody Powell）——曾是吉米·卡特总统的秘书——的费用，以策划一次“农业区”暴动，反对对药材的价格控制（Levine and Silverstein，1993）。

[12] 可以从不同的角度对布什再次竞选总统的失败进行分析。正如克林顿的小滚石竞选指挥部的标志所表明的，许多人会认为布什的失败是由于其“经济上的愚蠢”。但是这一标志可能并不应该解释成是经济困难这一现实的直接反映，而应解释为是一种比布什的顾问所采用的更为新鲜的人为的副现象——不真实的、可随意处置的物化。可口可乐这一次战胜百事可乐是因为百事可乐的广告代理所依赖的广告的“广告牌寿命”已经完结。或者考虑一下威利·霍顿击败米歇尔·杜卡基斯的电视广告的双倍寿命。它是他的罪犯政策的一个幻象。因此它成为了共和国的（百事可乐）负面电视广告的一个幻象。威利·霍顿这个名字作为一个二级幻象在1992年的竞选中实际上被提到两次，这和1988年的情形是一样的。

[13] 要支付费用的宣传发现许多电台可以为其作不会遭到反击的放送。我们没有机会提出知识社会学，它能以必需的精确性阻止右翼文人以足以引起全国关注并以此获得意义的信任状从事的构建（见Edsall，1991；Steinfels，1979）。但是，不论人们如何希望根据富人的其他花销或根据补偿机构或可能会使他们平衡的社会学知识来衡量它的重要性，该运动的保守派还是与遗产基金会、奥林基金会、约瑟
72 夫·柯尔斯基金会、米瑟司法部有联系，并且洛克菲勒财团自己已得到了大量的承诺和基金，他们的著作被广泛传播。右翼意识形态的武士变成了上流社会的贫困阶层和学术上的西伯利亚，这是那些不太可能吸引这些资助者的独立的武士面临的普遍现象。同时值得指出的是，右翼评论家拉什·林博（Rush Limbaugh）并没有因为缺少企业资助者而遭受痛苦；吉姆·海塔（Jim Hightower）也拥有一个常常批评企业行为的广播节目，到目前为止，因为缺少企业投资者，他未能成为全国性的辛迪加。

第2篇

话语理论

73 到目前为止，这本书主要是在进行批判。我们引证了许多反传统的论点。我们并不完全赞同宪政主义/新制度主义的选择。我们认为，尽管社群主义强化了其理想的力量，但公民主义是一个不可能的解决方案。我们对后现代性和后现代主义的探索对公共行政/公共政策提出了更多的疑问，但对其发生作用的环境的质疑尤其重要，坦白地说，这一质疑使得建构另一种替代模式成为了令人畏惧的任务。尽管我们相信我们的批评是有说服力的，能够站住脚的，但我们现在正进行一项更具挑战性的任务，即提出一个有关公共行政/公正政策的规范理论。[1]

从我们的观点来看，一个有充足生命力的规范理论应该有以下几个特征。第一，它应该有一个认识论/本体论的立场，以思考后现代思想家据以反对基础主义、普遍主义、元叙事和物化的正典，并被我们当做摧毁性的批评武器加以接受的东西。第二，它必须具有建设性，必须是正面的；我们期望它有助于引导，而不是阻碍引导。第三，尽管要超越既定的模式，但一种规范理论还是应该建立在已存在的可能性基础之上。也就是说，我们需要从既定的实践中梳理出正面的或者说有解放意义的潜力，通过在规范理论中对它们进行评价来确认它们的有效性——我们要在有关目前的粗糙的现实主义与渐渐促成它的非乌托邦的前景之间寻求一种平衡。

74 我们认为做这些工作的方法是尤根·哈贝马斯（Jürgen Habermas，1992，p. 442）提出的先确立一个思想，但随后又抛弃它。哈贝马斯显然是当代最深刻、最权威、最多产的思想家之一。在他的著作中包含有公共行政问题——而不是忽略它——他在这方面的研究也是非凡的。他的一部早期著作《公共领域的结构转换》——在近期才被翻译成英文（Habermas，1989）——描绘了18—19世纪有公共精神的欧洲资产阶级男性的相对真实的话语的情形。这一话语已被大众文化以及我们在第3章中勾画的后现代性的极端所破坏。哈贝马斯认为，由一个蓄意告知的公众舆论所构成的公共领域可能被学者、既得利益者、受话者、参与者重新获得，并被那些现在从事公共部门组织的人大大加强了。但是，他又写道：

> 为了能够满足民主舆论和意见形成意义上的这些功能，（公共部门组织的）内部结构必须首先依据公众性的原则来建立（即蓄意决定的公众利益），在制度上必须允许存在一个内部政党或者是内部协会的民主制来考虑未被牵制的交往和公众的理性的、批判性的争论。（Habermas，1989，p. 209，引自Calhoun，1992，p. 28）

我们认为公共政策和管理展示了一些新的趋向，一旦成熟，就能满足这些标准。由于它们隐藏在物化的正统假设的知觉之下，因此，我们需要拨开那些预先假设来看清楚它们。一旦被理解，或者说当把它们作为能量场中民主转型的节点来理解时，这些新生的话语实践就能够被确认和被接受。

现在哈贝马斯自己再也不会探究这种可能性，取而代之的是，他详细阐明了一个新康德主义的真实交往的理想，即为了追求正义和平等而被交往和语言的内部逻辑所驱使的话语。按现代主义/启蒙运动的标准看，这是一种创造性的理想，但刚刚也被批评为是一种自我证实的基本普遍性（一种元叙事的基础），而且，对后现代是一种诅咒。最近几年他的很多努力已经花费在捍卫他认为是一种对抗后现代的启蒙主义/现代主义观点。另一方面，我们想要提出初始的论点，并要避免陷入哈 75
贝马斯为了更为纯粹的道义立场而放弃实践的立场后所陷入的基础主义的困境。我们认为，他提出的交往民主这一话语的先决条件在当今的超级官僚政策网络和其他构成中至少是新鲜的、有潜力的和有生命力的。[2]

接下来，我们的目标是探索真正话语的可能性，包括我们（公共行政）的等级，但不要陷入基础主义的陷阱。我们需要哈贝马斯式的理想的实践方面，但我们不认为我们必须运用——正如他所做的——名誉扫地的现代主义策略来实施它。因此，手头的事情首先是勾画出一个非基础主义的框架以便提出我们的话语。这是第4章的工作。然后，我们将在第5章准备概述（再一次依据哈贝马斯）这种话语的理想需求。最后，在第6章中，我们将用我们的标准检验一系列当前实践来支持导出话语并防范违背真正话语精神的那些方面。

注　释

[1] 但从一种道义论或目的论的意义上说，这个理论还算不上是规范的。我们认为这是一种小写的*n*的、社会构成主义的、用于认识世俗世界的现象的规范；我们的意图在于提供一个解释现象的方法，帮助思考现象的各个方面，并由此推动话语实践在这些方面的运作。

[2] 尽管如此，哈贝马斯还是在这一点上提出了一个希望，我们将把它作为一个成熟的建议，虽然他并未充分加以说明。它是20世纪60年代的口号“进行制度长征”所建议的一个方面（Calhoun，1992，pp.27-29）。1968年，有公共精神的不同政见者设置路障，向LBJ大声喊叫，进行请愿，在伯明翰有人被捕，在芝加哥有人被警察袭击，之后，出现了一个更有野心的选择，就是到体制内去工作，从内部进行改革，这可能是一种更为明智的方法。这种人的风格和观点本应该有影响，在能量场能产生很大的动力。

第 *4* 章

话语理论的理论基础：现象学、构成主义、结构理论以及能量场

4.1 理论基础

77 这一章有三节。首先，我们利用我们认为具有锋芒的哲学和社会理论来提出一套词汇和概念集，以使得话语理论有稳定的基础。我们希望传播一种新的视角，从这一视角出发，可以说明公共行政领域观点的变化。这是构成主义的部分，它包括对现象学、构成主义、结构化理论的探讨。其次，在第二节，我们用这些新的工具来解构传统的（物化的）概念。这些传统概念现在正（不正确地）把我们的注意力引向官僚结构。最后，也就是第三节，我们提出另外一种概念体系：公共能量场，以超越和包容现存的体制、组织和官僚制度。

4.1.1 为什么我们需要创新的“构成主义”社会理论

由于我们一开始就想跳出后现代主义的死胡同来提出自己的理论，因而我们很欣赏否定的实用主义品质：设想没有任何基础的东西可以改变，当然是一件很轻松的事。那些被权威们老调重弹式地提出的传统模式及其替代模式，可以轻松地击败我们提供的任何东西。我们自己开垦出这片领域，现在必须小心翼翼地行进，不要给我们想要做出的积极贡献涂上“粉红色的迷雾”。如果说“现实”稍纵即逝，那我们怎么能获得足够的现实来梳理出

针对“下一步该做什么”的可信建议呢？通过什么方法我们可以把新部落的确信的 78
不可通约性统一在民主的决议中呢？更特殊的是，为什么对于我们自己身在其中的这个情境，我们认为话语理论至少在概念上说是有效的回应呢？

对于最后一个问题，简单的回答就是，话语理论可以对在公共行政领域已经存在的倾向作出断定，还可以在恰当的理论化以后，引导这些倾向做些改善。我们最终想要给公共行政人员的前摄参与提供基础。这些公共行政人员和政策网络中具有公共意识的社群中的成员混杂在一起，也和工会、财团以及特别工作组交织重合。我们把这些当做是可能的公共领域恰如其分的场所。那些不受法律约束的政策论坛，正如有关“铁三角”的文献所说明的那样，在正统理论的角度看来，就像是主权的窃贼——更确切地说，是技术治国论的主导。对于正统观点及其替代品，我们尽管占了上风，但仍需要提出一个新的认识论/本体论来证明话语理论的可行性。正是在这点上我们首先调转方向。为了把我们自己和一种更宽泛的公共行政的研究者据以对我们进行分类的倾向联系在一起，我们把它叫做：构成主义。[1]

构成主义有这样一个简单的含义：组织的现实性，即公共行政管理人员对日常生活的体验是社会地建构的。由于组织的现实性并不是人类群体外部的非人的或物质性的力量强加的，因此人类群体可以对它进行调整。我们日常生活的现实具有历史的偶然性，人类不只是受超出人类控制能力的非人力量控制，制度控制人。假如我们所有的人都立即灭绝，或者像做了脑部手术切除一样，普遍地失去了记忆力，制度就会随着我们记忆的消亡而消亡。这一简单的事实在许多人看来有点违反直觉，这一点，用西方关于个体自我（我们指的是原子论的个体）的常识假设可以解释：“我”存在于内部，其他的一切事物都存在于外部。我是主观的，外部是客观的。我能反作用于和适应外部。哲学——有人把它看做是一种概念疗法（Wittgenstein，1953；见 Fox，1992，p. 3）——能帮助克服这一天真的常识的观点。

但概念疗法是昂贵的；在这个例子中付出的代价就是读者的努力。我们需要一种改变了的和扩展的词汇，以便超越许多人所说的公共行政/公共政策的令人不舒服的困境。并不是我们非得发明这些术语不可（尽管是有那么一点点），毋宁说，我们需要的是用我们的词和概念来提醒读者，并让读者对它们熟悉起来。这些词和概念在其他地方也在使用。我们希望最终能够这样说：**官僚制**一词仅仅部分地意指 79
着我们所研究的对象，仅仅部分地描述了我们研究它的**方法**，它决不能完全满足我们的要求。我们想说，**话语**才符合我们的要求。为了令人信服，我们需要突破围绕着**官僚制**和**制度**的理论化工作，看看它们究竟是由什么构成的。我们会使这个过程尽可能地轻而易举，但那也要求公共行政社群中的人员作一些努力：即挪用其他社群使用的概念工具；将我们的方法理论化，以走出后现代的困境，这一困境现在被认为是公共行政/政策的外部环境。我们将从阐述现象学的哲学基础开始，进而进入到构成主义和结构化的理论。

4.1.2 构成主义的现象学基础

在公共行政的这一话语理论中，我们尽量远离这样一种观点：存在一个"外部"的现实，价值中立的研究者通过使其具有法律一样的普遍性——其真实性和准确性是可观察、可检验和可积累的——的阐述就能够解释它。我们不同意这样的观点："是什么"的问题只有客观的观察者才能可信地提出，正如对于中立科学的强调所规定的。仅仅为了一个问题而不顾及其他问题的提问方法暴露了某种主观性的尺度。假如要求中立无为，就不会有什么研究。我们承认实证主义的研究及其方法论有部分的有效性；但唯独依赖这一点会对人类知觉能够理解的其他许多现象视而不见（Fox，1990）。在第3章，我们在区分指称的意义（定义性的能指）与意谓的意义（依赖经验或相互关联的条件而产生的语境意义）时，也试着区分了这样两个观点：（1）陈述或命题可以由观察来证实；（2）任何陈述或命题都包含前提假设并受语境的制约。

A 身体—主体：破除二分思维

为了将自我及其和世界的联系重新概念化，从某种意义上说，就必须回到笛卡儿那里，并重新思考他的"我思"概念（我思故我在），因为这一概念乃是我们当
80 代许多难题的知识先驱（Merleau-Ponty，1962，p. ix）。我们必须向外、向后、向下全方位超越我们所共有的物化的抽象思维和不容置疑的生活经验。

> 第一种哲学行为似乎就是对优先于客观世界的实际经验世界的回归，因为正是在经验世界中，我们能够把握理论的基础，而不会受到客观世界的限制；能够恢复事物具体的本来面貌，恢复有机界对待世界的个别方式，重现主体性与历史的内在关联。（Merleau-Ponty，1962，p. 57）

换句话说，当我们将对思维的物化范畴的要求放在一边时，剩下作为前范畴和前哲学的东西就只是肉身的自我及它的活动范围。根据梅洛-庞蒂的理论，在"实际经验世界"能发现的东西就是身体—主体及其世界。使具体的自我与纯粹心灵区别开来的东西就是这一物理的场所，即意义由之产生的这个身体。前意识的身体的意义不是神秘的、晦涩的弗洛伊德主义的意义，也不是超自然的意义，而是常规日常经验中简单的"无须思索的意义"。下面的例子就是说明。

我们在一起散步，并激烈地争论着某个政治事件。我们边走边争论，绕过了树，躲过车辆，跨过篱笆，走上楼梯，进了屋，看见一张什么也没铺的桌子，走了过去，拉出几把椅子并坐了下来。只有喜剧演员契夫·切斯的小丑角色才不能同时完成走路和嚼口香糖这两件事。从很大程度上来讲，我们是在一个前意识、前人格、前范畴的水平上完成这些事；当我们拉开椅子坐下去的时候，我们不用有意识地确认椅子的存在。这就是梅洛-庞蒂的所谓前意识的身体定位的意思。它是传统的哲学和心理学所忽略的一个基本的方面。

必须说明的是，对这一被忽视的维度的强调并不是要否定意识层面。事实上，对这两者作彻底的区分是错误的，因为“意识是一个指谓意向的网络，这些意向有时候清晰，有时候则相反，不为人知地存在着”（Merleau-Ponty，1963，p. 173）。

B　情境中的意向性：接下来做什么的问题

意向性常常被说成是现象学的主要论题。正如人们通常认为的那样，胡塞尔（Husserl，1962）的真知灼见就体现在意向性这个概念上。胡塞尔认为，意识不能脱离开它的内容来被考虑。意识总是对某物的意识。意识不是空的容器，它是被决 81 定的。意识总是指向某个对象，一个内在的目标。[2] 意向性，通常情况下的意思是生成现象的意识的综合行为。

但胡塞尔的观点在唯心主义的边缘摇摆不定。[3] 唯心主义总是能够让意识的力量变得可以理解——这是它的优点——但这只有通过割裂与世俗存在的联系才有可能。胡塞尔向我们揭示一个被其对象所充满的意识，但这些对象的源头仍是一片模糊。不过，根据萨缪尔·马林（Samuel Mallin，1979）所说的：

> 梅洛-庞蒂的哲学可以表述为一种情境哲学。情境是梅洛-庞蒂用来表达人与环境的最终融合的一个最复杂的术语，因此也是讨论他的认识论和形而上学的基础。我们感兴趣的情境的意思，大致相当于“介入环境”或“对自然、文化和人类问题的积极关注”。(p. 1)

梅洛-庞蒂的哲学试图进一步弥补唯心主义与情境之间的脱节，它在广义的主体性即身体中给“行动的意识”找到了一个立足点。

把身体加入认识论的研究产生的一个直接结果就是**主体与主体性**的意思发生了变化。身体与主体连在一起成为**身体—主体**，表示传统的主体性概念与梅洛-庞蒂哲学的主体性的概念化之间存在着差异。笛卡儿的观点是将意识置于主体性的中心，正如人们所期望的，这一观点符合并进一步强化了传统的心与物的二分法。梅洛-庞蒂哲学将先前只集中于心灵的主体性扩展到了身体，将肉身性赋予了主体性。因此，主体性应该是具有意识、反省、积淀的习惯行为以及所有感官和力量结合在一起的身体本身，只有这个整体才是合适的思考对象。我们的身体使我们和环境联结在一起，使我们具有了对外部世界的意识。我们的身体不会局限于狭隘的、像金毛猎狗的那种与环境的互动，尽管金毛猎狗可能的反应范围远远大于青蛙。但无论如何，人、狗或青蛙的身体都能帮助综合意义（昆虫用触角、声音）。在智力得以运用以前，人和世界之间就存在着一种确定的、原始的接触，这种接触加入知觉的形成过程，帮助组织知觉领域，界定我们定位自身的情境。感官对每一情境的投入 82 不会对白板造成影响（就像笛卡儿和洛克的主体—客体二元论中的情形）。相反，我们给每一情境设定了**既定事实**，例如，当我们只能看到立方体的三面时，既定事实使得我们能够想象一个立方体的存在（Whiteside，1988）。

我们对于立方体的初次体验源于我们的生活经历，这种体验有利于我们在下次遇到一个立方体时形成一种框架性的概念。每一个情境都会给积淀的意义贡献一些东西以结构下一个时刻。尽管体现于这一积淀的生活世界中的精神结构限制了心智改变意义的能力，但它们能够使身体—主体加入与每一个新情境的对话。因此，笛卡儿的主客二元论以及产生于它的二分式思维是一个严重的错误，并产生了持续的影响。替代主客二分的现实，是一种身体—主体的积淀经验面对着新的情境。

梅洛-庞蒂哲学描述了心智结构是如何以经验主义或唯心主义等没有被意识到的方式决定知觉的（Whiteside，1988）。他从经验主义的角度提出了立方体如何存在的问题，因为一个人只能看到三面。在严格的经验领域，形成一个立方体所需的综合法是不可行的。而从唯心主义的角度看，观察者所看见的仅仅是个外形，心灵具有一种功能，立方体根本不需要实际地存在。第三种方式是可行的。从现象学的角度看，完整的立方体可以根据三个面的不同，以及心灵运用理解来观察事物的能力来说明，这样就可以用最小智力投入进行直接的证明。更进一步说，当我们小的时候玩积木时，研究了第一块立方体以后，所有后来的立方体都很容易得到综合理解，而不必把它们拾起来，或是绕过去看另外的几面。正如每一个新的立方体都已经在我们的意识中事先描绘出来了一样，呈现在我们面前的生活世界也是被历史累积下来的给定事实或心智结构暗示性地事先描绘出来的。我们现在从已经部分地给定的事实开始。

赋予肉身的在世基础以主体性，这一做法赋予了意向性概念以实质性的内容。意向性是从身体—主体发出的活跃的、自动性的火花。意向性形成了知觉本身。从任何时刻在主体与世界的交叉中可能形成的无数可能的形象与基点出发，可以选择
83 出其中的一个。这一切不是取决于外部，而是由可能性的领域，以及个体对某一给定的相关可能性的挪用共同决定的。肉身主体的所有感官——始于前意识的认识，并沿着意向轴联系在一起——加在一起并不仅仅等于传统观点中的所谓“我在观察”；而是相当于“我能够”（Merleau-Ponty，1962，p. 137）。我们不仅仅是观察外部世界中的事物，我们还将这个世界当做我们活动的潜在领域来栖息和居住。这就是能动性的含义。因此，梅洛-庞蒂哲学所完成的革新就是打破了知觉与行动之间的区别。

身体—主体并不是在某些情况下知觉或观察，而在另一些完全不同的情况下才行动。前意识的意向性描述了一个更基础的领域，在这一领域中，知觉首先是为了行动。辩证地看，行动也是为了知觉。行动和理解也分不开，事实上，理解是为了行动。行动是意向性的物理表现，它取决于人对情境的理解。这与我们的计划是相关的，因为作为一个理解过程，话语会压抑意义的可能性，将现象转化成声音、言辞、信号、意图、社会资本以及行为。

因为我们是在人类文化中出生和成长的，因为我们学习人类社会的语言——语言是在世界上充分行动的先决条件——所以我们不是空手来到每一个时下的、新的瞬间。虽然过去我们习惯了将主体与客体、心智与自然、观念与物质现实分离，但现象学要求我们采用另外的方式。“我们必须认识到我们的生命的历史沉积性：这种沉积是一种对待世界的态度，当它不断地得到确认时，这种态度使我们获得了一种优势地位”（Merleau-Ponty，1962，p. 441）。任何介入行为都开始于前构建的环

境，这种环境是对声音和光线的一种特殊设定，也是充满了参与者的关切、感情、兴趣的一种氛围。任何介入行为也都开始于人们用于理解情境的心智结构、意义、前倾向性以及期待的语境。同样，调查者先是部署，然后是体会感觉并采取行动。没有一个逻辑实证主义的调查人员可以脱离这些条件或者忽视它们的历史性。我们的知觉能力并非如此消极以至于仅仅满足于观察。我们也从感觉材料中进行挑选，在自己的头脑中形成框架，评估随意向性出现的事物。我们集中意识，将意义归因于其实并不具有意义的事件。我们形成新的思维结构，这些新的思维结构本身具有了沉积性。由于我们具有综合沉积的意义的能力：

> 我们不用动脑筋就能认出这一堆石头是一面“墙”，这一连串的声音是一首“乐曲”，认出这一个手势有沟通的意图……在很大程度上，人类生活就发生在一个人类建构的世界中。（Whiteside，1988，pp. 74－75） 84

通过创造一个虽然感觉自然却是非自然的世界，我们不断地创造文化（Whiteside，1988）。我们居住的这个世界是我们自己的创造物。尽管我们不是被文化塑造的，但我们却被文化所约束。正如梅洛-庞蒂（Merlau-Ponty，1962）指出的：“我存在于社会环境中，尽管在其他地方有力量能给我保证，我的自由却没有力量立即把我变成我想成为的样子”（p. 447）。

C　总结现象学的观点

现象学提供给了我们四个对于话语理论来说很必需的概念工具。它们都非常重要。

（1）身体—主体既是物理的，又是精神的。我们的身体实实在在地是主观性与客观性的结合。因为所有的意识都在身体中发生，并且某个个体的身体与其他相似的身体有明显的重叠能力，所以我们将最终消除根深蒂固的不兼容性。话语是可能的，由于这一具体的世界，新部落主义原则上是不会流行的。

（2）意向性产生于在世界中的身体—主体，它不仅仅是闲来无事的沉思，也不是出于兴趣的观察，而是为了能动性，为了行动，为了那些身体—主体。这也给了所有的身体一个不能更改的共同特征。比如说，另一个人向我走来，我从细微的线索认识到他打算从我的左边经过，我认识到了那在知觉身体—主体的意向性，认识到了那与我有着相似的举止行为的不同自我的意向性。

（3）意向性产生于有着各自的时代、阶级、性别和地位标识的身体—主体。已经存在的身体—主体获得了沉积的习惯性举止，获得了在世界中具有优势的存在方式。这些存在方式的组合形成具有无穷变化但唯一真实的自我。

（4）身体—主体总有自己的定位。笛卡儿的想象力可以遨游于它想去的任何地方，但对于能动的人类行为者来说，意识总是回归于被定位在世界中的身体—主体。

4.1.3　构成主义

本体论是关于存在或生存的理论。掠过本体论边缘的是认识论。认识论是关于 85

人们对存在或生存的知识知道多少和怎样认识的理论。从传统上讲，也就是从哲学史上来讲，这两种理论是分开的，虽然传统也证实了这两种理论是彼此包含的。对于日常生活的社会世界来说（我们且不说，或者正如哲学家所说，“统摄”超出我们问题域的物理现实），构成主义的观点是本体论和认识论的统一和融合。根据下面的看法：试图认识社会现实的人类自身就是社会现实的承载者，构成主义的那一观点是可能的。社会现实的观察者们不可能置身事外，他们的观察也不可能与其观察对象完全分开。那么关于这种现实的观念，从某种意义上说，是可商议的。伯杰和勒克曼（Berger and Luckmam，1966）称这是现实的社会构成，并且他们的以此为标题且影响深远的著作使构成主义得名。

因此，构成主义的认识论/本体论根本上说是唯名论的。我们（互动的人类群体）给事物取的名称说到底是武断任意的。它们可以是任何咕哝声、舌尖轻击的声音或是手势的结合。名称和符号与其说是事物的指谓，不如说是社会一致同意的手势、各种缩略语的示意，目的是为这一群体普遍接受的生活世界的各方面服务，因为其重要性是相互形成的。

生活世界转而（因为有了这一概念，我们可以给一切事物以一个统称）又成了构成主义的一个基本术语。20 世纪初，胡塞尔首先使用这个概念。生活世界是一种构建，这一构建与其说是为了超越，不如说是为了给物化的范畴思维提供经验性基础（Kockelmans，1967）。人的物化（或使其成为真实）的能力和倾向可以跨越时间，创造出宏大的思维形式，以至于可以使最初产生这些范畴的日常的生活实践模糊化。我们下面将要讲到的**官僚制**这一术语，正是这样的一种物化，并被用来解释生活世界的实践活动。然而，这种物化总是忽视甚至否定来自生活世界的最明显证据。生活世界的角度是对这种物化永恒的警示，它要求在每一个转折点上的理论建构都要关涉相互交叉的意向性和群体中身体—主体的谋划，因为它们每时每刻都存在着。顺便说一句，一致地服从生活世界的驱动，是防止诸如目标错置这样的组织病变的重要措施。

86 再说一遍，意向性是个体自发产生的、活动的火花。构成主义用意向性替代通常观点中的动机。动机意味着刺激—反应的行为主义心理学，这种心理学把人描述成耗子一样的动物。刺激一只老鼠（打击＝木棒，食物＝胡萝卜），它就会有反应。由此得出，刺激人，人也会有反应。也就是说，实验总能得到这样的结果：外部刺激会引发有机体内部的反应。并且假定有机体在没有刺激的情况下则处于休眠状态。同样的刺激施于组织，也就会产生专门的管理绩效。外部动机的刺激和回报，正如在韦伯和唐斯（Downs）的官僚制理论以及理性选择理论中提到的，被认为可以弥补由于不合适的刺激和回报引起的病变。顺便指出，在原则上，动机的刺激—反应概念是有事实根据的。假如一个特殊的刺激或一组刺激都未能引发预计的行为，那还有无限多的新组合方式可以尝试。在这一点上，泰勒主义的幽灵在被埋葬了 50 年以后又披着期待理论的外衣重新出现了。

另一方面，意向性假定每个个体都是有目的的。可以肯定的是，个体不是笛卡儿“我思”（我思故我在）理论中自足的、抽象的、非文化的个体，而是一种体现、会聚和谋划各样历史沉积性，可以进行自主选择的主体。这一主体对于回报的外部操纵，具有更为积极的可预期的反应；实际上它是一种话语能力。因而，意向性是一个更为直接的术语——活动着的主体总是把眼前的情境当做它直接的目标。目标谋划在一个长时期内组织和引导着意向性；目前的谋划总包含着意向性过去的积累，并预测着未来。谋划被看做现在或是目前情境的交叉点上生命行为的本质。我们打算用这句话来交流思想，这么做就是写书这一谋划的一部分，它本身是推进话语的谋划的一部分。

4.1.4　构成主义与结构化理论

前面对意向性、谋划、生活世界的概述可以看做是描述人类主体特性——构成主义以及现象学、解释学和人种学等这类相似的学术传统对主体的主动性方面的确认——的恰当（但非唯一）的词汇。然而，还存在另一种完整的社会科学传统，它 87
试图掌握系统，掌握整个社会、文化和经济的运行机制。结构主义、功能主义、帕森斯主义（Parsonianism）、系统论、社会达尔文主义（social Darwinism）、辩证唯物主义、黑格尔式的马克思主义以及宏观经济学都属于这一传统。在我们自己的公共行政领域，韦伯、詹姆士·威尔逊以及安东尼·唐斯等的宏伟叙事，给我们例示了这一系统的方向。就像一些后现代主义者一样，人们可能会倾向于简单地丢弃这些宏伟理论，认为它们对整体或总体性加以理论化的企图是不可能的：微不足道的、必有一死且受历史、文化决定或限制的人类怎么可能做出这样的设想？尽管如此，那种丢弃的做法，很可能使公共行政领域失去正当的存在理由。人不可能对机构、建制、官僚体制以及立宪政体视而不见。人必须能够谈论“系统”，但也需要谈论方式，以避免使它们物化——使它们成为一成不变的东西。就像社会学理论家吉登斯（Giddens，1984）所说的：

> 社会关系的物化或者说话语对人类行为偶然的历史环境与活动产品的“自然化”，是社会生活中意识形态的重要方面。（p. 26）

吉登斯力图避免对人类构建行为赋予不变性，例如，他用“地壳板块飘移”来说明居住在圣安德鲁斯断层（San Andreas fault）的加利福尼亚人。我们认为这一既能解释系统而同时并不贬低构成主义所要求的主体积极的能动地位的方法在吉登斯（Giddens，1984）杰出的结构化理论中可以找到。正如他指出的：

> 在阐述结构化理论的时候，我首要的目标之一就是要终结每一个类似的建造帝国的努力（例如：解释学的片面的唯意志论和系统论的片面的物化理论）。根据结构化理论，社会科学研究的基本领域，既不是个体行为者的经验，也不是任何形式的社会总体的存在，而是根据时间和空间排列的社会实践。（p. 2）

为了避免走向任何一个极端，吉登斯提出了结构化这一术语。

4.1.5 重复性的实践

结构化理论的关键在于对重复的理解，显然，是指一次又一次地重复发生。重
复与习惯有关，或者用梅洛-庞蒂哲学的话说，与具体的文化积淀有关。重复行为
88 “不是社会行为者创造出来的，而是由他们通过表达自己作为行为者的地位的方式
不断地再生产出来的”（Giddens，1984，p. 2）。人出生来到这个世界上，就已经拥
有了许多意义，他们使用这些意义，并且在这么做的时候又为了现在和未来对它们
进行了再创造和再生产，尽管并不完全一样。现在，人类对他们的习惯性的重复行
为进行反思（例如：行为的自我意识、意向性以及它们与谋划之间的关系），但这
种反思不是在真空中进行的（“我思”再一次意味着：我思故我在），而是在确定的
范围内、在一系列的行动和相互作用中来进行。这些范围是由他人的期望形成的，
并由能在这些期望的范围内理解、接受和实施的强大自我所共同创造。这一强大的
实施行为使那些范围得以强化和有效化，成为变化着的力量与绵延性的结构。

尽管重复实践引导和约束着人的创造力，但同时也不能不强调：它们也为创造力的发挥提供了机遇。语言，其本身就是一种重复实践，正好说明了这一点。说一门语言意味着要从一大堆丰富的潜在表达中选用特定的词和短语，并把它们按照限制性更强的语法规则组合起来。一个特定的词库所能提供的东西是有限的，但很难想象或者说很难设想，没有了这一词库（一些哲学家认为这是不可能的），人们就什么也不能表达。语言限制着可表达的东西，但也意味着我们要依靠它来表达。梅洛-庞蒂哲学在德·索绪尔（de Sanssure）的基础上区分被运用的语言与运用中的语言，其实是从另一个角度说明这一点。被运用的语言是文化地获得的语言资源库，运用中的语言是这些资源在交流中的运用（Fox，1989）。在其他重复性的实践中也能找到类似的形式。

在这一语境下应该重申的是：规则像语言一样也是重复性的实践。当代机关里的行为者，在控制自己的行为若干年后，会有一大堆的规则，甚至比他们可能应用或打算运用的还多。集团可以运用一个特定的规则群制定出最行之有效的规则，用以取悦特定的上司，完成对某一特定任务的解释，或者就是混日子。

重复性之所以重要，在于它既不否认也不贬低人的能动性。它只是认识到这一
89 能动性在每一时刻不可能在无限的方向上冒出火花。事实上，它只有极少数的时候
会偏离常规的轨道。但是，就像河流冲刷出新的河床，总体的人类行为也会改变事
物发展的过程，并重建新的重复模式，职业服装就是一个明显的例子。坐落在加利
福尼亚的硅谷是一个电脑软件工业基地，是天才们的买方市场，它由年轻的发明家
和创业者们所领导。他们对自己非常自信，以至根本不顾及商业服装的正常规矩。
牛仔裤、毛衣、胶底运动鞋替代了传统的套装、领带等职业服装规范，发型也可自
由选择。这一角色与变化中心呈扇形向各个矢量方向扩展（在下面的能量场中将讨
论到），影响着其他演进模式，于是出现了适应性重复模式。

这样的变化反过来又可以并经常作为边缘适应性重复实践无意识的后果出现，并累积形成一种社会模式。治理，以及实现治理的话语方式，都可以看做有意识的、相互反思的尝试，这种尝试规范和引导着重复实践中随机变化的边缘性调整。

根据这一我们认为正确的观点：

> 社会系统，作为可再生的社会实践，并没有“结构”，而是呈现出一种“结构特征”，结构是在实践中通过具体的例子（表现）以时空的形态存在着，并作为记忆的踪迹定位着可知的人类能动性的行为。(Giddens，1984，p. 17)

换言之，系统、制度以及其他类似的事物并不是存在于个体（群体中的）进行社会实践活动的客观领域之外，而是内化于这一客观领域之中。简要地说，社会现实具有社会化的结构，或是连续不断地通过人类行为进行社会化的更新，而人类的行为又被可重复的实践所规范。想想我们那些极端的唯名论者的立场，我们已经准备给各种不同的绵延性的重复模式进行命名。流行和时尚是短期的重复实践和有意识地变化的绵延性。喜欢多样性是人类的特性。追逐流行和时尚大体来说没什么害处。根据吉登斯的观点（Giddens，1984，p. 17)，在另一个极端的方面说，“**结构**原则最为深刻地体现着结构的特征，说明着社会总体性的再生产”。进一步说，“**那些**在这一总体性中具有最大时空延续的实践就是所谓的**制度**。”

将社会结构扎根于变化着的绵延性与坚固性的重复实践中将为已经富有成果的解释图式的进一步发展开辟新的天地，且不会出现与之相联系的歪曲情况。可以把 90
统治规范归于结构性原则下充足的结果。可以把制度和机构归于结构化理论所阐述的制度化的广义理解之下。在制度和机构中，给这些理论结构寻找更广阔的源头要考虑到合适的适应性来重新评估（为了接纳话语）“应该采取何样的严格限制”。

我们将吉登斯的**结构原则**作为约翰·罗尔的**政体规范**——对自由、平等以及所有制的偏爱——理论上的对应物（Rohr，1989)。我们把它作为一种更优的概括是因为它没有局限于正式的表面规范，政体——正如它自身理解的那样——就写在政府的文件中，并可怀旧地回溯到某一建立过程。结构原则包括了诸如阶级社会及其被再生的方式——利润、资本、劳动力、家庭结构、教育体系等等——这样一些结构。一个同等重要的对比是：政体规范没有任何超越对最高法院的决议的研究实现自身的机制，也就是说它不是一种普遍的实践。政体规范理论缺乏实现自身的途径。结构原则，作为另一种选择，在重复性的实践中有自己的场所，即由社会化的个体来实施。为了避免对场所的这种寻找太轻而易举，我们必须承认，从孤立的个体内部看，结构原则似乎是固定的，并以它自身的方式存在着。对人们来说，克服自身的思维和行为习惯是非常难的，更不用说面对的是群体历史地形成的行为习惯。但这并不能使它们外在于人的介入，这并不能使它们成为本体论意义上的外部整体。

4.1.6 制度即习惯

从我们的角度讲，对制度的理解是结构理论中最重要的一方面。根据对吉登斯论点的理解，制度是被资源配置和规则所维持的重复性实践。规则可以有很多种，当然不只局限于书面的规则、法律或标准的执行程序。规则可以根据它们在成对的两极之间波动的情况来进行分类。集约—狭窄型、静默—话语型、非正式—正式型，弱认可—强认可型等等（Giddens，1984，p. 22）。注意，这里存在着潜在的可变性与模糊性。尽管作为一个整体或作为一个重复实践的集合来看，它们是稳定
91 的，但是如果从细节层面上看，就会发现各种微观过程和特殊的规则，它们或适合于面对面的相遇，或适合于派系内的人际关系以及派系之间的关系。换句话说，人们能看到日常生活细节中重复性实践的发展变化。这实际上正是群体内生产专业术语的方式。结果，结构理论中的制度不同于韦伯理想形态的制度：不可改变的职位不受身居其中的人的影响。这一观点当然是讨论组织文化的著作的材料（Ingersoll and Adams，1992；Ott，1989）。

在此我们想强调的是制度的适应性在目前的潜力。假如一个给定的现实具有社会化的结构，那么这一现实就可以而且不可避免地会被社会重新塑造。重复性的实践的必然发展经常是作为一系列给定的重复性实践造成的意外结果和对其他地方出现的变化的渗透而发生的。但是，正如组织发展（OD）运动在无数经验性案例中所证明的那样，这些也会受到话语意志构型的调节。当然，组织发展实践本身是建立在构成主义的见解之上的（Coch and French，1948）。

因此，现实的任何给定的社会结构（例如：在生物界的群体内聚集和互动地或相互地变革意图和计划的结构）可以出现在现在的所谓制度内部。这意味着制度和制度化这样的符号表示的是偶然的结合，而不是永恒和必然的结合。制度固定的程度会有很大的变化，但永远不会是绝对的。制度是习惯，而不是事物。制度在几十年中从外表上看可能还是一样的，但它们的实践必然随着组成其内部的个体意向和个体意向的混合程度的变化而改变。一代又一代，这种混合性本身作为社会沉积——体现在个体之中并外在于意向性的个体而谋划——也会发生根本的变化。在制度的想当然的稳定结构内的某种完形的程式实际上会改变制度本身，哪怕它的名称不变，哪怕在公众眼里它还保持着相同的物化面孔。

最终的结论就是："是有意识的活动，而不是有目的的谋划创造了人类历史"（Giddens，1984，p. 27）；或者用马克思的话讲：人创造了历史，但绝不是按他们的意愿创造的。话语可以说是这样一种尝试，它想在可对其施加影响的重复性实践的至少边缘的调整中成为更加前摄的干预主义。

我们一直在以结构化的理论对构成主义的观点进行改良，因为我们必须能够确
92 认：物化的制度和机关是可以超越的；我们还必须能够确认：政策网络、功能交叉的社会团体、公民代表的特别工作组等等也是可以超越的。这是因为有时候（通常是较短时期），这些新生的话语形式也会发展成为有足够稳定性的重复性实践，并

具有制度化例证的特征（可以预计，我们寻求的正是话语实践的制度化）。这就是说，应该记住制度的两层含义。挂着金色铜质标牌的机构包含有许多牢固的、制度化了的重复实践程序。但是从一段时间来看，相对稳定的制度化的重复性实践也存于挂牌机构与其他机构，如下级机构、上级机构以及同级机构之间。换句话说，重复性实践的稳定形式经常被认为是官僚机构，以及其他合法的正式组织的垄断形式，这些组织使用机构这样的标识作为它们正式名字的同义词（例如在“这一机构”中）。

我们也想阐述和弄清楚，公共行政——官僚制——与它的客户或（用新近的说法）它的消费者之间固定的分界线是什么？人们需要在机关和机构中做出区分，一方面，把机关理解为预算分配表和教科书上画的组织图上的小方块，另一方面，把机构理解为结构化。让我们来试试论述官僚制的新技术。在对官僚制作内在的批判以后，我们将对常常看做是能量场内的官僚制的实践形式重新定位。

4.2　用构成主义解构“并合性”的官僚制

再说一遍，话语申述需要对用以对现象进行分类的旧方法做出调整。官僚制这一术语并未完全包括公共部门活动的总体。这一术语可以看做是一个物化的并合性集合，我们指的是聚集着各种不同且常常相互矛盾的生活世界的经验，并断然把它们归于其名下的符号。我们需要解除、拆除——或者用后现代主义的术语来说：解构——官僚制的并合性集合以及有关官僚制的随心所欲的分类。例如，在对克林顿政府的综合医疗改革进行争论的时候，说这项改革会增加官僚化指的是什么意思？在什么情况下，可以把有意识的话语改变某些制度化的重复性实践以推进替代的重复性实践的尝试看做是官僚化？

如果行为恰当，解构就不仅仅是对异己的观点作部落化的拆分，它要求追溯一 93
个事物的根源——这是一种谱系学或考古学——以使事物的原貌明明白白地展示出来。官僚制的谱系学——韦伯乃是其领军人物——将揭示出理性的、定位控制的组织运用机械的因果决定方法论的情形。对这一模式随之做的社会科学的修补是通过其指涉的或然性框架来描述的，尽管和认识论密切相关，但这还是对决定论的一个挑战。学者们接受了更为精巧的统计学方法，使得他们能更好地测定变量的复杂性和多元性。趋势判断和相关性分析取代了因果关系，成为研究的激发力量。或然模式也使我们认识到，我们计算和评估的材料并不像决定论模式假设的那样具体；毋宁说，假设和变量乃是研究者或他们据以工作的文献/传统的构成物。更进一步说，所谓的霍桑效应（Hawthorne effect）即是说，调查者也是问题框架的一部分，因而与研究主题有着互动关系。由此我们可以进一步确定地说，在认识论的发展中，逻辑上说下一步就是构成主义的途径。关于这一途径，我们已经在认识论/本体论层面作过勾勒。我们会看到，当把构成主义的方法运用于官僚制时，官僚制既不是一具体的整体，也不是一个自我维持的有机体（Pfeffer，1981）。因此，官僚制不再是一个恰当地归纳足够稳定的实践形式故而具有理性的—批判的功能的术语。所以，官僚制更多的是捕获意义的游戏的修辞策略，是策略性地进行论辩的一部分。了解这一点的一个方法是通过研究社会科学方法论的演进，以及弄明白从决定论到或然论的转变是如何开始动摇官僚制的定义的——原先官僚制指的是一种确定的命令—控制结构。

4.2.1 决定论与或然论

通过运用统计数据和概率来解释事件，社会科学研究和它的政策科学应用对科学的决定论的经验模型提出了挑战。尽管或然论的社会科学并不能实际地告诉我们这些现象为什么会以这样的方式发生，但是这样的模型却能以已知确切可能性预测出将会发生什么。预测本身就只是部分的可能，每一个原因不过是诸多变量中的一个。

在管理领域杰出地运用或然论方法的是 W. E. 戴明（W. E. Deming）的统计过程控制（statistical process control，SPC）（Walton，1986）。这一方法正好和泰勒的决定论科学管理形成对比。SPC 主要运用于生产质量控制方面。SPC 的一个定理
94 是：所有的生产运营都会导致产品质量的变化。SPC 是一种测定每一生产环节的产品变化的方法。这些变化可以通过控制表的曲线图看出来，当出现异变时，曲线图就能使那些应付责任的人去检查原因。有一些异变可以看做是共有的。实际上，任何东西都可以作为可测量的产品：做财政季度报表的人员数、会议用时、以毫米计的金属部件的圆周长、每辆卡车运送土豆的吨位。必须设定出一个或高或低的控制线，这样就可以有一个偏离平均变量的标准。任何偏离了由多个标准变量设定的标准的产品就可以看做是不正常的，而任何一个“特殊”的偏差都会立即引起注意。

另一方面，决定论的质量控制技术关心的是检查员检查产品时发现的错误。无论什么时候发现了一个错误，都得找到出错的原因并纠正它，这种质量控制的目标就是零缺陷（Halpin，1966）。检查员并不区分正常的缺陷与非正常的缺陷，他们也没有数据来评估当前管理行为的有效性。也许能找到出错的原因，但要做到零缺陷在经济上来讲却是不可能的。因此，与决定论的模型不同，SPC 接受了生产过程中存在变化的观点，尽管对于正常变动来讲，偶然性并不是唯一的原因。出现一般的变化与常常使用有缺陷的原材料、机器没有调节好、工人的精神状态持续不佳，以及其他在系统管理中可以找到根源的不足有关。

或然论与决定论的区别在其他管理技术中也同样存在。政府调控委员会常常要求（这是古典意义上的官僚做法）电子设备公司执行最终用途预测方法，以便能对特殊的电子零件的运用作出评估。另一方面，计量经济学的方法又运用概率统计的方法来评估将来的效用需求。只有那些能够很好地解释能量需求的因素在或然论的模型中才被认为是重要的（国内产品总量、外部气温、区域经济的增长、区域性人口特征常常与能量需求有关）。只有当与需求变化在统计数据上结合在一起时，针对整个电子产品的需求的任何特殊的最终用途的贡献才值得注意。空调用量的增加

会被注意到，但是，遥控器的使用对于效用评估来讲就微不足道，正如吹风机的使用率对于批不批准建一个新的电厂来说并不是一个重要的因素。 95

决定论和或然论的区别还可以在环境保护机构（the Environmental Protection Agency，EPA）不长的历史中分辨出来。一开始，环境保护机构要求那些造成污染的单位使用“最可行的技术”。因此，使用燃煤的公司就被要求在它们的烟囱里安装昂贵的刷子。在这种命令和控制模型中，EPA 的官员们不得不把他们自己装扮成无数企业和公司治理污染的技术专家，但事实上在企业和公司中他们懂的不可能比工业工程师多。那种过分集权的政府权威形式正在让位于或然论模型。这一模型给了现场技术人员更多的选择。公司现在可以通过购买或售卖污染许可证来达到目标。有一种观点认为受污染的空间是有限的，利用污染空间是一个昂贵的特权，所以这一权利被买来卖去，好像它是一个有价值的商品。那些污染空间使用得太多的公司必须从有多余污染空间利用许可证的公司那里购买许可证。这就使得那些必须购买额外许可证的公司增加了成本，同时使那些出卖许可证的公司获得不断增长的利润，这些都激励公司采用清洁技术——但不是以笨拙的方式使技术运用具体化。通过将市场刺激的概念与有关可用的污染空间和公司在空气污染中的作用的或然论断结合在一起，政府部门仅仅以对否定性的外部实施处罚性税收的执行者模样出现，而不再是一个强制性的独裁者。

在另一个例子中，人们对市场分析可能会问到这样一个问题（从决定论的角度）：为什么消费者会购买某种商品？提问者以刺激—反应这一心理框架假定：购买是一种反应，是对刺激的好奇，因为在其他情境下反应也需要诱导。一个不同的问题——谁买、谁不买产品 A？——则会给出更多有意义数据（Engel，1968）。在此，（或然论的）提问者感兴趣的是倾向于购买产品 A 的个体的特征。这些个体的特征可能与一种倾向（即购买）有关。与其说是刺激决定性地引起了特殊的反应，不如说是特殊的倾向导致了结果（Nachmias and Nachmias，1988）。

还可以举出很多或然论的政策执行的例子。零容忍的毒品政策依赖于命令—控制法律的执行，而一个或然论的毒品政策却直接针对那些最有害的毒品。副总统戈 96
尔（1993）的《国情回顾》提议“由通过制定法规——要求自我监督和执行一个标准灵活的奖惩制度——规定保护现场工作的雇员的人身安全与医疗的责任转换为确保一个安全标准的实施”（p. 146）。旧的命令—控制系统——很大程度上依赖于现场检查人员——让位于更为间接的责任制方法。类似地，预算中的决定论或命令—控制系统被说成是零基预算（ZBB）和计划、程序、预算系统（PPBS）。或然论则是为增加预算设置的，在那里，本年度的预算与上一年的预算是相互关联的，这是一个或然论的论断。一定的知识和绝对控制是愚蠢的决定论的野心中唯一有用的东西。

在下一段我们将说明或然论与决定论的差异如何意味着不同形态的官僚制。

4.2.2　官僚制的目标和方法

从构成主义和解释主义的观点来看——我们并不指望每个读者都能理解这些观

点——决定论和或然论根本上说并没有差异（例如参见 Harmon and Mayer，1986，pp. 134－155）。但是，对于在这一领域的主流中接受训练的公共行政者来说，这两者之间的差异打开了一个缺口，通过这个缺口，构成主义变得可信赖了。所以，在这里，我们要说明：（1）官僚制在历史中是如何以决定论的、有意识地控制的术语定义的；（2）这些被软化为控制和理性的术语又是如何让位于满意、统计意义、趋势这些术语的。这一谱系的关键在于：甚至在公共行政的标准研究中，归于并合集合性的"官僚制"名下的活动的含义也已经发生了实质性的转变。

再者，决定论的框架意味着遵从因果认知，它相信客观现实的存在，相信价值中立的研究是可能的，也就是说，相信在研究者和研究对象之间存在一种中立的距离，相信科学的结论应该是可以普遍化的真理陈述或规律的产物（Fox，1980，1990；Guba，1985）。

官僚制在决定论者的概念中是控制的封闭系统模型。韦伯的官僚制的理想形态可有助于形成这样的论点：

> 97 存在一个固定的原则和官方的司法领域，它们一般地由规则所规定……下命令的政府……以一种稳定的方式被划分，并被有关高压手段、物理手段、宗教手段等的规则所严格界定，而这些手段的配置都是在官方的控制下进行……官员以及所有各级部门的等级原则意味着上、下级严格的分级系统，在这一系统中，高一级的官员有权监督低一级的官员。（Weber，1946）

泰勒以类似的精神写道：

> 对于管理活动中的创新和激励来说，科学管理的第一个重要优点在于：在科学的管理中，工人们的创新能力——他们的勤奋工作、良好愿望、他们的聪明才智——能够绝对规矩地实际地获得。（F. W. Taylor，1912—1978）

或然论的框架代表了建立联系性和相关性的尝试，也代表着建立一种更温和的目标的尝试，尽管其方法十分复杂。当代大多数主流社会科学——强调统计的相关性和其他联系性的标准——都属于这一类别。社会科学中出现了许多定量分析，如调查研究，这些分析基本上都是或然论的。一些人明显放弃了正式控制的任何希望，就转而试图认识非正式组织（Barnard，1938/1966）和人际关系（Follet，1924/1951；Roethlisberger and Dickson，1939）。无论是哪一种方式，变量的数量都会增加；环境的变化产生了大量的原因和结果，致使古典的官僚控制模型力所不及。

渐渐地，不但越来越多的人使用或然论的方法，而且其语言表现方式都已经和韦伯的描述或泰勒的前提中体现出来的绝对主义相去甚远。诸如：产出、可能性、效果等这些术语最终替代了官僚制中阐明的控制—定位型的术语。从或然论的观点来看，可以把官僚制解释为一种运转不良的模式（Merton，1957）或无效的程序困境。尽管控制从来没有成为争论的焦点，但或然论模型使人们更欣赏复杂性和非决定性。

在从决定论向或然论发展的过程中，有两个环节非常明显。从内部来讲，对于公共行政、公共政策层来说，如果把官僚制理解为因果型的、正式的层级命令和实施系统，官僚制就不具有合法性。韦伯的理想化模型与或然论的见解和方法论正好相反。从这种观点来看，韦伯的官僚制是一种带有幻想色彩的尝试，它想通过确立 98
先行决定结果的因果链条来确保必然性。有人把官僚制比做大海中航行的一艘船[如古德塞尔（Goodsell，1994）最近就作了这样的比喻]，船在海中一点一点地被重建，而船上的旅客和目的地都没有发生改变。从内部出发，重复的形式从决定论演变为或然论。这是第一个环节。但是，在第二个环节，船到达港口，那些前来庆贺或哀悼它的到来的还是同一些人，而它的名字也没有变。那么，现在（放掉比喻）在同一个名字底下就有两个传统在发生作用。第二个可能纠正第一个，但物化的名字使我们看不到这些矫正。或者说这些矫正实际上和原来差不多，甚至可能更令人难受，并且，它们也可以被结合到——现在可以这么看——并合集合里来。以这种方式，官僚化的称号就包含了否定的描述。

那么，在我们列举的医疗改革这一例子的语境中，官僚化意味着什么？它可能就是指韦伯的命令与控制吗？例如，如果我们接受英国的模式，医疗改革就意味着这样的命令控制。在这种情况下，我们会把医疗工业合并和国有化，并把它的成员变成政府部门的雇员。这就是最初严格分层的意义上的官僚化过程。作为抛向无知大众的修辞策略，这种方式无疑会引起反响，不过是模糊的反响，就像实际的情形那样。“哦，天哪！对政府官僚（设想穿着深灰色的制服）做社会化的、法西斯式的治疗正合我意。”

或然论的官僚化，对目前医疗保障体系的受益者来说，还谈不上威胁，但却仍然潜在地造成了他们的不安。医疗保障的途径可以用统计的方式决定，正如奥利金（Oregon）所提议的。用人们自己的统计数据就可以阐明一系列给定程序的可能性。特殊的程序的投入产出比是怎样的？并且谁来评估决定投入产出比的数字的价值？这些都是非个人化的，在这种意义上来说也是官僚化的。在这一环节，医药专家小组和电脑软件程序正在提出一个决策树诊断程序以评估缺陷，并提出整治措施。程序化的决策制定很像官僚制对基层官僚（医生）的那种命令控制，这些基层官僚希望根据直觉来做判断，并尝试一些新的东西。“我的私人医生基尔德大夫不会运用直觉和移情作用来理解我的处境。”实际上，官僚化的这种或然论模式就是克林顿政府所寻求的，因为它有利于管理性的竞争（或然论的），并超越了维特纳（Veterans）的行政模型（决定论的）。假如情况是这样，为了控制成本，还应该仔细检查是否太多的基本保障政策的执行检查被排挤掉了。人们还应该寻求一些机制（当 99
然这种机制还是在官僚制的标签之下）使公平能在考虑之列。

但是官僚制现在也意味着不被注意的红色陷阱，目标移位，目的、手段颠倒，难以控制的工具理性。目前的医疗保障实践就具有以上这些典型的特征，这些特征中的很多——在任何直接的意义上说——不是源自政府本身。

构成主义的观点最接近关键。什么类型的重复性实践需要调整？什么导致了医疗保障条例的功能失调、不合理和不恰当？是否分离的、私人的、利益驱动的保险业只保障那些不愿冒风险的人？是对渎职案件的担忧导致了对不可靠的人的测试吗？这就是说，假如官僚化意味着那么多事——从国有化和韦伯的官僚制，通过以或然论的、统计的结论为基础的判断，到红色陷阱——假如官僚制意味着所有那些东西，当给那些对这些所意味的东西没有异议的人说这些时，对理性的、批判的话语而言，它就成为了对并合性的集合的瓦解。

4.2.3 略论解构官僚制

正式的机构存在于使价值定位合法化的语境中（例如，效率），这种价值定位既和文化联系在一起，又有历史的偶然性，而不完全是“客观的”。我们的思维习惯影响着我们看待事物的方式。当参与者、分析者或管理人员认为他们能表达具体的东西时，认识就会轻易地被引导和固定化，而指涉物实际上就是要成为共有的观念——策略地形成一致同意的一套符号和期望。官僚制并不是观念市场上的中立符号。符号引导我们建构我们感觉到的东西，并且已经对其进行了判断。在这一方面，符号官僚制喜欢特殊的地位，因为它本身不仅是一种观念，而且，一旦被物化，并被当做一种客观条件来对待，它就成为一种控制和分配其他许多观念的媒介。不过，显而易见，官僚制在人类社会互动之外并没有客观存在。

在认识了官僚制从内到外的不一致以后（例如，从决定论的视角变换为或然论），我们不得不尝试做得更好一些。我们想弄清楚官僚制的概念，好像它是影响重复性实践模式的一个重要方面。决定论的或韦伯式的官僚制可以说明某些重复性的实践是怎样被保持或改变的：实践被控制、被立法、被禁止，实践制造犯罪或该
100 受到非难的行为；同时，反常的行为也会导致愤怒、指责或包容。然而，甚至，或者说尤其是，韦伯意识到赤裸裸的、未得意愿默许的权力是没有成本—效率的。因此，合法性被认为是权力的润滑剂。用我们的术语说，权力/支配需要合法化的（物化的）符号。

类似地，或然主义者也能说明重复性的实践是如何保持和改变的。其中的技巧就是掌握变量、回报、税收激励等等（对于支配者来说）能够引导出恰当行为的东西。但我们想说明的是，无论单独来看还是合在一起看，决定论和或然论（把它们结合在一起而形成官僚制）都没有抓住重复性实践的演变规律。因为它们都建立在决定的基础上（要么是命令，要么是操纵变量），它们都不可能综合地理解公共行政人员以及其他现实中的参与者对公共政策的执行（Harmon，1981，pp. 92ff）。例如，该怎样解释时代精神从现代民主管理向极端保守的共和制管理——即用强硬的行为强制推行自由程序——的转变？通过什么样的理论手段，我们可以认识到态度的这些转变——政策实施中热情的增加或衰退——以及那些不会有直接影响（规则或法律没有改变，SOPs也维持原样）但实际上会影响一切的广泛的变革？我们将提供一个完整的概念——如果你愿意的话，不妨说是一个隐喻——能量场。

4.3　公共领域作为能量场

这一章到目前为止，首先，我们已经试图建立一个以现象论、构成主义和结构化理论为基础的普通词汇，我们的目的是要揭示出：制度是一种重复性的实践，它产生、根植于人们习惯性的、具有不同程度适应性的行为方式和期望。接着，我们在从决定论向或然论的有意义的转变的基础上以一种内在批判的方式对官僚制这一范畴进行了解构。

然而，我们希望保留官僚制这一范畴，并想把各种联合体（网络、协会、特别工作组、派系）和它们的各种经验、目标或最终理念合并到官僚制中，而不是完全抛弃它（或者把它严格限定在韦伯的定义中本源的、历史的、现代主义的命令—控制的意谓中）。我们主张在公共能量场这一概念下涵盖所有的行动和重复性实践，这些行为和重复性实践常常被认为是官僚制的组织曲线图表中的机构和制度，并与公民社会的部门如非营利的社会服务部门、第四产业部门以及各种类型的公民群体 101
即所有从事具有公共意义的活动的人和根据显而易见的问题——即我们下一步该做什么——来规划行动的人组成的群体有着紧密的联系。

决定论和或然论都假定政策设计的效能取决于等级中上级中心人物的观点。决策由中央的精英们制定出来以后，或是传达下去让人们服从（决定论的），或是像诱饵一样漂浮着，引导人们做出适当的行为（或然论的）。对比之下，在能量场中，却呈现出一个源头多元化的公共氛围，犹如太阳黑子，它可以从任何的和所有的点上燃烧起来。燃烧产生的能量以波的形式向外传导，进而作为一个整体影响到整个领域，也影响到其他潜在的火焰点。从哲学和民主理论的角度来看，我们的这种观点在本质上是多元主义的。

决定论和或然论把自主行动的自发性限制在各个系统中的顶层，然而它们忘记了在一个系统中，系统的每个点都是由密切关注事态发展，被每日新闻和事件影响着，且与同事共同参与讨论的聪明人类所组成。没有一种理论化的官僚制能解释在克伦斯·托马斯（Clarence Thomas）听证会上阿妮塔·希尔（Anita Hill）的证言在整个机关里的反响。

她的证言就像一个发散的太阳黑子，产生能量波，形成聚集动量的矢量，使其在几乎每一个办公大楼里都成了人们谈论的焦点，并支配着那些无效率的日程安排。阿妮塔·希尔的证言流传甚广。在这个后现代的时代，把事实上的政策（重复性的实践）调整理论化为能量场中的动力矢量会使流行的传统理论必须——因为探照灯能照到那里——任其模糊化的事件和实践成为焦点。

我们试图使公共行政领域的模式从官僚制转换到公共的能量场，（我们希望）使人们的目光转向我们的领域，就像物理学领域的量子力学中粒子转换成波一样。用韦伯的术语来说，我们要重申把产生于特定条件的社会行为看做是理性地组织起来的（官僚化的）行为（Hummel，1994）。我们从物理学的故事开始来展现隐喻的变化如何改变已被概念化了的东西，进而改变重复性的实践。

4.3.1 物理学、隐喻、现象

再一次强调，我们最好记住，过去的制度结构并不总是像它们在当时所显示的
102 那样，而是被实践——社会的交互过程——不断地创造并修正。物理学是在物理科学的范围与结构获得界定的偶然历史条件下出现的。物理学并不是由一些自来就存在的杰出物理学者创造出来的。物理学是一个不断演进的重复性实践。实践与意识齐头并进。

不同的语言游戏会把交流者引向各个不同的现象领域，并共同地决定着它们。当带着这一有趣的结果再去留心注意的时候，我们就会寻求交流我们的结果了。科学中的这种交流冲动就像孩子在游戏中一样真实。“看，我发现了什么?”我们会这样说。原子研究领域的物理学家，当他们发现有趣的东西时，会利用粒子范畴来交流他们的发现。测量仪器如电子显微镜、感兴趣的研究者的注意力以及他们用以交流彼此的发现的范畴，都成为他们所研究的现象的一部分。换句话说，现象以一种融入到观察对象中的隐喻形式而被表现出来。有一个经典的难题可以说明这一点。

双缝实验在物理学家当中众所周知：设想一块有两个裂缝的嵌板立在一个荧屏前。如果关闭其中的一个裂缝，光就会从另一个裂缝中进入，而且相应地，光的分布能在荧屏上观察到。如果两个裂缝都被打开，触及荧屏的光粒子显示出的是更奇特的聚集性的东西而非两条光线的简单汇合。如果说光真的是粒子，这个不同样式的出现似乎是不可能的。荧屏上光的分布确证了一个基于不同隐喻的替代性假设，即光是以波的形态而非粒子形态存在。然而，在其他的情况下，光被认为是以粒子形态存在的。当人们第一次觉察到这一现象的意义的时候，光是波还是粒子这个奥秘就显得非同一般了，这一难解之谜至今仍令人惊奇。当人们用电子而不是光源做实验的时候，这个奥秘也有显著的运用（Hawking，1988）。

如果我们一次让一个电子从裂缝中通过，我们或许会认为每个电子或者从这个裂缝中通过，或者从另一个裂缝中通过，而且只有电子通过的裂缝才能在荧屏上形成一个无变化的分布。然而，事实上，即使我们一次只让一个电子通过，光圈（也就是，不规则的分布形式）仍然会出现。这就是说，每一个电子在同一时间必须都通过两条裂缝。

华莱士（Wallace 1989）在其量子物理学的研究中对这个重要问题进行了很好的阐释。他解释了一个粒子怎么会有明显不同的大小以及处在明显不同的位置上，
103 它们或者从其他物体上弹开，或者穿透它们。波具有三维性并且向外传播。它们可以相互穿过也能相互作用并产生干扰。由于波与粒子有着根本的区别，因此不可能有一种物质既是波又是粒子。但是电子看上去却兼具二者的特性。我们又怎样解释呢?

> 这个发现的神秘性质体现了人类一个明显的与生俱来的倾向：**物化**。根据日常的经验，物理学家认为电子是以粒子形态存在的。这种科学现实主义和生活中的现实主义一样，忽视了主观性对观察仪器的关键作用。（Wallace，1989，pp. 57－58）

就这样，古典物理学日常的原子粒子被物化了，它被认为是具有物质性的物性的独立力量。人们把某些属性设定为是电子的本质特征。但不同的研究条件和不同的测量工具证明了波的存在。作为粒子形态的电子是一个整体，它们可以从其他的粒子上弹开，而且它们是不可还原的。以波的形态存在的粒子和其他的波融合在一起，而且是无限可分的。在一定意义上说，总有一种范畴无法解释所发生的现象。

另一个研究更加深了这种不确定性。致力于微观实体的研究者们发现，实验中所使用的测量仪器的种类以及实验的设置似乎会影响实验结果。特别是，一个粒子只有用最少量的光干扰它（“碰撞”它）才能测出它的速度。因此，速度的测量越精确，位置的测量就越不准确（Hawking，1988）。这就是量子理论中的**不确定性**原理。社会科学家已经认识到了与霍桑效应相似的方面，即研究者使用的工具或研究者本人都会对独立于实验过程的研究对象产生作用（Overman，1991）。不可避免地，我们所看到的东西依赖于我们的感官和我们的测量工具，这些工具的使用会改变我们所看到的景象。

尽管物理科学和社会科学都不可避免地有物化现象，但对人类交互作用的研究却包含着贬义的判断。物理学家从事微观动力学研究时命名（想象、物化、概念化）了电子和质子，以便交流他们的研究成果。当从事社会动力学研究时，就要命名（物化）丈夫和妻子、老板和下属、老师和学生。一个社会角色，仅仅通过对他的命名就可以预期他会通过重复性实践产生与其名称相一致的行为。符号化不仅有
助于交流我们的认识，而且能以规范的形式决定它们的关系；在符号化的过程中存 104
在着一个规定性的要素；研究中的判断方面只有很少的部分能够归类。例如，当罗维（Lowi，1993）声称“自私这一假设或许是所有政治学家惟一赞同的东西”（p. 262）时，他这么说决不是否定那些不赞同（包括本书的作者）原子性的个体概念的人。他规定了一个假设，事实上，他这么做是为了强调这是有关人性的一个主导性假设。这种规定在适应性不够的时候表现得非常明显。举例来说，学院里新任命了一个曾在私人部门接受过培训的秘书，他不可能明白他（或她）是为大家而不是为现今的老板（主席）服务的职员。一个学生不会理解老师所需要的是独立的思考，而不是令人反胃的谄媚表现。

然而，在最后的分析中，物理学家也对行为作了规定。量子理论表明，古典物理学的规定性法则是无效的，古典物理学对物理世界的简单描绘是不精确的。原子世界的现象与它们的定理或规定所描述的并不相符。量子力学的研究者公开承认在描述物理现实的时候有意识（注意力、动机、认识手段、概念范畴）的参与（Jahn and Dunne，1986）。粒子看上去就是波，波会相互传导；研究者会影响研究过程。应该怎样考虑这些不规则的影响呢？放弃把原子粒子作为分析的基本单位是第

一步。

我们涉足物理学——通常被认为是最艰难也最客观的科学——的目的是想说明名称和隐喻是如何影响现象本身的。人们所认识的现象可以看做是三种事物的联结：意向性；意向性所指向的、外在于人的对象（意向性的根据）；已经包含了对它的判断以及对与它相联系的适当的重复性实践的预期的名称。[4]再者，我们已经说过我们是本体论意义上的激进的唯名论者；名称并不是物自体。但显然，根据上面的分析，名称是非常关键的。现象的名称居然成了现象本身的一部分。名称为启动我们的意识器官打开了通道。它使我们把某物看做是现象，并能阻止我们启动其
105 他的意识，尽管不会永远这样。因此，改变名称，进而改变隐喻，并不是一件小事情（Morgan，1986）。再一次，我们想说的是，从**制度**到**官僚制**到**公共能量场**，这一转变的重要性就犹如从粒子到波的转变。

试图通过简单的隐喻转换来对一个领域重新理论化或许十足是一种奢望，但我们是一个精诚合作的团队。政治学家呼吁如何把联邦主义的建立在宪法教义与权力的制度性分离基础上的次领域变成对政府间关系的研究（IGR）（Grozins，1966）。隐喻——从夹层蛋糕（宪法—制度的联邦主义），到大理石蛋糕（政府间高度互动和高度独立的关系），进而到尖栅栏（由专家、纠察组成，并通过行政/政治专家联合在一起）（Sanford，1967）——对于从制度到特定项目实施的模式转换非常关键。我们呼吁并鼓励沿着类似于 IGR 这样的路线进一步发展，目的仅仅是为了扩展社会行为的范围，来增强处于除来自公民社会的利益集团外的机构内部、之间和中间的行为者/单位间的相互关系。

4.3.2 公共能量场的要素

要把公共政策及其行政实施重新理论化为一种公共能量场，就必须把几种思潮重新糅合在一起。公共能量场里的**公共**一词挪用和混合了汉娜·阿伦特和尤根·哈贝马斯的公共领域概念。但**能量场**是一个比**领域**更为生动和贴切的术语。公共能量场不具有很强的抽象性，它包含着情境、语境及历史性。在下一章里，我们将用话语的形成来阐明公共能量场。对于处于场内的能量概念，可以追溯到前苏格拉底时代希腊的原子论者留基波和德谟克里特（Lencippus and Democritus）（Lloyd，1967）或莱布尼茨（Leibniz，1646—1716）的激进的单子多元论（Russell，1967），但是，不要担心，我们不会去追溯的。我们可以创造出一系列相关联的术语并通过政策实例来说明公共能量场的机制。记住，在这一章，我们已经把身体—主体之间面对面的相遇描述为是集合并可运用于谋划的意向性的融合。这些都是在充满重复性的实践的情境中发生的，这些重复性的实践既具有不同程度的稳定性，又会不断地调整、变化，极端的时候还会被抛弃。在下一章中，我们想讨论在真正的话语中矛盾地竞争的谋划。在此我们只想说，所有的这些都发生在能量场的不断
106 变化的抽象层面和范围内——既是不断膨胀的又是不断收缩的。

对于能量，字典中一个典型的定义说它是一种内在的力量；一种作用力，不论

是否受到推动。当然，能量有时候被赋予了一种严格的物理意义（弹球的碰撞），甚至被定义为是工作中或睡梦中的大脑电荷的度量。当然，我们的目的不是想复兴粒子物理学。然而，我们对这一概念作的非物理的甚至隐喻的运用总让人想起古希腊。因此对于亚里士多德来说，能量是“以前仅以潜能的形式存在的东西的一种实现”（Jammer，1967，p. 511）。把场的概念与能量概念合为一体意味着一种时空的广延性，能量在其中潜在地或能动地表现着。在我们的使用中，能量场描述了一个由人的意向性控制的现象学的在场或目前。所谓现象学的在场/目前，并非指钟表或日历上的某个特殊时刻或时段。目前作为一种扩展的在场是在此情境中谋划未来的积淀性行为的集合。能量场是由人在不断变化的当下谋划时的意图、情感、目的和动机构成的。

在社会科学中，依赖于能量场——而不是原子化的个体或拟人化的组织——作为分析单位的社会互动模式乃是受到扬和邓恩（Jahn and Dunne，1986）的启发：

> 人类意识对物理学的电荷概念以及由电荷产生的电磁场现象的转换性说明在日常习语中普遍使用的所谓“负荷”情境、情感的“吸引”或“排斥”、思想“流”、“极化”问题等等隐喻中也有所预示……与物理学中的电子力学一样，这种情感负荷的存在及其附带的内在压力和受压抑的能量，使意识很容易受到“力”以及由此而引起的轨道偏差的影响，然而意识却忽视了这一点。(p. 758)

类似地，性情相同的舍恩（Schon，1971）也说过：

> 关于政策的每一次公共性辩论和每一次正式的冲突，几乎没有一个可看得见的过程使人们对事件有所意识和想法，这似乎已经是一种潮流。令人惊奇的是，鉴于这些考虑，对于一种广为流传的思想的出现，人们却很少表现出好奇。我在这里所说的广为流传的思想，是指对公共政策的形成具有强有力影响的思想。(pp. 123-124)

在一个特定的与他人互动的模式下，思想可以通过互动“广为流传”。因为参 107
与者的互动而在他们中流传的观念，以及在先前的过程中产生的观念，都会吸引人加入。能量场的概念把人们的注意力直接引向语境，即真实的、生动的事件，也能把人引向建构理解过程的社会互动。

因此，使用能量场概念，可以在不断修正中研究人类的社会行为［参照卢因（Lewin，1951）的场理论］。社会潮流在人们之间传播，影响他们的交互活动，并对他们的重复性实践不断提出问题，进而不断对其修正使之改变。受到关注的信息潮流在人类关系和社会网络中流通着——在家庭，在车间，在联谊组织中，在年轻人当中，在爱人之间。能量场的概念使组织的行为者和环境的行为者之间的交互活动，以及他们的动机和他们带入场内的能量都更具有自由性。正如我们曾经了解到的，官僚制与它们的环境是相分离的；能量场概念更强调一种根本上的相互依赖性，甚至说是一种渗透性，而不只是承认开放系统可渗透的边界观念。因此，组织本身对能量场没有专利权，因为一个场通常会超越组织的最大和最小边界。在一定程度上说，参与者会因为某一被普遍理解和有意义的谋划目标（如一个把组织错误地当做分析单位的谋划目标）而获得能量。许多重叠的能量场将会部分地在正式组织中表现出来。

我们无法以足够的精确度来描述能量场，以满足微观经济学领域的政策分析家。我们也无法满足那些从事科学实证主义研究的人们。能量场涉及解释问题而且解释本身就是能量场的一部分。这并非是对或错的问题，解释传播的速度与它们从负荷着好奇心的意向性——它们要把握和介入的东西——中聚集的速度完全一样。它们本身就负荷着一个矛盾话语的两极。根本就不存在一个上帝之眼的立场，通过它可以宣布一种关于有效解释的优先标准。但是，再一次强调，能量场并没有为自上而下的官僚命令以及对政策实施的控制开辟可行的解释通道，例如总统的权力/影响。

有关总统权力的正式的组织概念是简单易懂的。在机构臃肿的官僚制的顶点，总统能够对他的内阁说："我想要这样这样做。"之后，这一信息就会被解释为基于某一规则或一套规则的命令，然后通过命令链传下去，一直传到分离官僚制与公众
108 的最下层，再由这条线上的人执行。这是决定论的弹性执行。当然，没有人会认为它如此简单，但这是最基本的理想，围绕着它，具有规定性和描述性的政策分析都汇聚到一起（Fox，1990）。换一个说法，我们从能量场开始。用这种方式看，总统职位是意向性重要的聚集场所，它掌握着政治和社会流通动向，它们从现在开始被会聚在一起，并通过能量转换的重复性实践所传导（以熵的丧失为代价）。这些流通动向在通过转换器后，沿着动量矢量的各个方向而产生反响。接下来的接收器——它能够更新或者取消能量流——不仅包括各级别的部门、机构和行政单位，也包括所有的独立个体，或者更有可能是小组和集团，对于它们而言，这些动量矢量是有意义的谋划。总统职位作为转换的交接点的中心，它有能力从环境中收集或聚集足够的能够进行有意义的转换的流通动向，并有能力去转换它，或者说有能力传导它；当它获得这种能力时，它就获得了影响力；当它失去这种能力时，它也就失去了影响力。换句话说，一个总统职位代表着或者依赖于它转换和传导流通动向的能力，以及由此产生对别人具有意义的——就是说，能掌握社会流通动向——动量矢量的能力。

因此，我们认为，总统职位不过是转换的一个交接点，尽管在公共能量场中，有时它是最重要的一个。作为公共能量场中许多交接点中的一个，它没有一个真正的固定的物理位置，而简单的发送者—信息—接收者（sender-message-receiver，S-M-R）的信息理论就有固定的物理位置。对于其他的转换交接点来说，接收器具有三维的千变万化的转换形式。能量场就是被如此控制的，因而在传导过程中会引起漏洞（例如，保险公司针对克林顿的医疗保障计划会实行反控制措施）。最后的这一比喻——传导过程中的漏洞——可以用来解释对克林顿政府的一个流行忠告：一

次只能集中精力做一件事情；一次要抓住动力矢量而不要对公共能量场中的一个部门施压。克林顿，以总票数第一而获选，他并没拥有足够的流通动向使他能去做多件事情。仅仅想象力、空间以及读者耐心的缺乏，就会阻止对同类例子做无休止的阐释。在这里，我们仅仅想建立这样一种可能性，把能量场作为一个场所，在那里民主的、多元论的话语形态在回答"下一步我们该做什么"的问题时可以收集然后增加或减少其他流通动向。

我们并不认为自己是具有原创性的、能在学术史中创立新的里程碑的哲学家或 109
思想家。本章所做的只是假设，而不是给复杂的建筑定位奠基意义上的分析。为了埋葬传统和避免后现代状况的陷阱，公共行政管理需要一种值得追求的新模式。因此，我们提供了这个话语模式。要想论证这一模式，需要社会理论能装配的最新、最复杂的理论基础。我们这一模型的假设前提是：现象学是构成主义的基础，二者的结合是结构化理论的基础，现象学、构成主义和结构化理论三者的结合是能量场的基础。

现象学的基础避免了基础主义易犯的错误。我们没有诉诸一个普遍性的或本质论的第一原则。我们没有求助于本体论上"真实"的本质。我们仅仅以一个假设开始，那就是身体—主体发现自己总是处于情景之中，它们的意向性就是在这里得以实现。这些情境包括我们总想赋予它意义（但不存在固定的优先的意义）并要加以利用的可变的自我。

然而，具体化的主体性概念意味着一种与不可通约性和新部落主义对向的道路。特殊的语言游戏的符号意义实际上发生了分离，变得不可通约了。但身体—主体不可能具有同一意义上的不可通约性，因为在其他方面异质的人类的身体行为之间具有广泛的相似性；不可还原的不可通约性只能发生在笛卡儿主义的沉思性的意识之中。我们没有用相同的词汇来表述"寒冷"，但我们承认，和我们相似的身体—主体在冬天也会迈着冻僵的、发抖的、蜷着肩和哆哆嗦嗦的步伐走进最近的避舍。换一种说法，社会化的身体—主体在飞机失事现场见到残缺不全的肢体时都会呕吐。

我们使用的结构化理论和公共能量场并不意味着任何正典。重复性的实践可能是欧洲中心的，也可能不是；可能源于祖先的祖传，也可能不是；可能是杰出人物统治论，也可能是平均主义。以宪法为准则确立的制度，其重复性的实践原则上并不利于中心城市人物的重复性实践。更进一步说，公共能量场可以以各种方式由各种类型的参与者和参与方式积极地或消极地控制着。

在下一章，我们的任务是围绕后现代的超现实提出一个途径。我们将讨论话语社会形态的交接点或飞地。

注　释

［1］我们不情愿对自己进行分类，但我们宁愿自己来做，而不愿意由别人把我们归入某个类别。在 110

此我们的观点与所谓的构成主义是一致的，但又超越了它。构成主义来自于伯杰和勒克曼，它提出了一个现象学的基础，如我们所做的那样。然而，又有所不同。我们通过吸收梅洛-庞蒂的现象学观点以反对舒茨（Schutz）的现象学，从而能够更好地解释情境中的身体—主体，这是伯杰和勒克曼所缺乏的。另外，通过讨论吉登斯的创新，我们能比构成主义更好地说明人们所说的制度。

［2］研究胡塞尔的学者一般地认为对意向性做出成熟阐述的应该是胡塞尔（Husserl，1962，pp. 235-349）。梅洛-庞蒂的创新则在于给读者提供了一个有关意向性的简洁的解释，见兰根（Langan，1966，p. 18）或科温特（Kwant，1963，pp. 156-157）。

［3］投身于唯心主义应归因于胡塞尔对先验自我的非凡王国的介绍。正是围绕着先验自我的争论，从不严格的意义上把现象学分为了两个阵营：先验现象学和存在现象学。胡塞尔以及——对美国社会科学尤其重要——艾尔弗雷德·舒茨属于前者，梅洛-庞蒂、海德格尔（Heidegger）以及法国现象学家则属于后者。有关这一问题简明的评论参见伊迪的著作（Edie，1967，pp. 237-251）。

［4］从技术上说，现象就是连接意向火花与对象的人类知觉；见福克斯（Fox，1980）。

第 5 章

话语的正当性

111 我们已经指出，民主代表责任制的反馈圈既不是代表制的，也不是民主制的，还不是负责任的。即使它们具有其中某一种特性，它也仅仅是通过本就繁杂的法律条文的繁殖不完满地把政策“发布”给“目标”。而且，在封闭的、具有严格界限的组织及官僚机构内，命令链几乎没有政策解释和改革的有效机制，也无法以任何方式被可行的民主理想所接受。我们已经证明，政策的产生要借助于未被制度性的结构包括在内和超导的动力矢量。政策的广泛通行，政策对重复性实践的改变，都要通过改变人类群体社会地建构的意义。因此，我们认为，最好把公共政策的形成、实施和管理理解成能量场，它是形成围绕着“下一步我们该做什么”这一问题而松散地组织在一起的人类意向性的交叉点。如果我们的说法可信，就需要对创立、转换和实施动力矢量的工具理论化。这就是我们这一章的任务。一个功能良好的理论反过来可以阐明至今仍让人难以理解的实践形式。这些实践形式被适当地理论化的积极方面可以为肯定性的论断或从事抛弃的破坏性论断提供稳定的基础。这是第 6 章的任务。

正像我们不止一次明确的那样，我们提出的是一个有关政策及其管理的话语理论。在这一章，我们将继续这一理论：第一，作为意义之战，我们将利用德博拉·斯通的政策观点来描述公共政策；第二，我们将说明尤根·哈贝马斯和汉娜·阿伦特对我们所采纳的话语理论的贡献；第三，我们将展示具有真实的话语的法律程序以及话语的正当性；第四，我们将针对可能的批判，证

112 明我们的话语理论是一套重复性的实践，它在后现代状况下有望成为民主的实践形式。

5.1 作为意义之战的政策

公共政策不是纯粹理性发现客观真理、然后由政府从真理中推导出相应的、正确的解决方案的结果。尽管对于一个已经对从理性的综合假设转换到令人满意的或然论和渐进论都进行了仔细研究的领域来说，这样的自明之理看上去似乎是不言而喻的，但是人们可能还是会争论说我们并没有远离对客观真理的幻想。这实际上正是德博拉·斯通较近的新作《政策反论与政治理性》(1988) 要讨论的问题。她指出政策话语内在地就是政治的。她的书是对不令人满意的政策分析的一种回应，这些政策分析过分地理性化、客观化，并被经济以及提供经济范式的装备如个人主义、交换和市场所支配。她对"策略性的巧妙论证"的理论化，在这里有助于通过区分政治理性与理性主义基于效用最大化和原子个体的分析，最为直接地提出论证。她进而指出，政策对话只能发生在不同于经济市场而是与城邦类似的政治社会中。

对理性客观主义政策分析的主要偏见使我们相信，关于政策我们只能找到唯一一个真理。在斯通看来，政策是一种自相矛盾的反论，在那里，可能同时存在几种依赖于同一观点的矛盾的真理。这是因为政策争论是一种政治推理，而不是抽象的、具有分离的确定意义与恒定单位的逻辑演算。政治推理依靠隐喻和类比进行，话语参与者总想说服对方相信某一问题或解决方案是这样的而不是那样的。

> 公认的意义使人们行动起来，并激励个体努力加入到集体行动中来。思想处于所有政治冲突的中心。反过来，政策的制定其实是为制定分类标准、确定范畴边界以及定义理想以指导人们的行为而进行的一场持续的斗争。(Stone，1988，p.7)

113 由此推论，不是科学而是多种相抵触的隐喻、比喻、类比、策略性的巧妙论证以及修辞策略才是真正的政策决定因素。事实上，使用科学术语本身就是一种修辞策略，也是策略性的巧妙论证的一部分。游戏不是为了真理，而是为了获得意义；真理是赢来的，不是发现的。再者，正如我们的构成主义的理论基础和与斯通的理论相一致的地方所表明的，一个成功的政策将会改变重复性的实践，即那构成我们文化习惯和假设的不断重复的行为模式。重复性的实践只要通过改变人的意向性和解释，或通过缩减拥有这些东西的人的数量，通过对力量大量地简化，就能从根本上得以改变。当然，高压是改变那些意向性的一种方式。"老板让你做什么你就得做什么，否则你就会失去工作!"这就是一个有力的论证。但是过不了多久，被这种方式劝服的人再也不会依据情境行使自主的意向性。情境再也不属于他们。他们只能闷头干活，他们的身体再也不受他们的有意识的知觉的驱使。他们的积极的意向性将被另一种东西所代替：做白日梦，盯着钟表计时工作。但是，大量通俗的组织商务教科书告诉我们，我们的组织，如果没有所有参与者的积极的意向性，它将会失去竞争力。这就要求所有的政策及重复性实践的所有改变至少在话语方面要有操纵性。正如韦伯早就承认的，合法性比强权更重要。政策的合法性需要人们的参与。正如我们所说的，如果合法性再也不关注环式模式所允许的适度参与，那么获得合法性的话语方式似乎就是必需的。

尽管斯通的冲突的策略性的巧妙论证的城邦模式暗示了话语理论，但它需要的既不是民主，也不是真实的话语。在后现代状况下，被排除在话语之外这一情况是在不民主的方式下发生的。发表公共言论的渠道被那些控制着媒介组织或能够购买到广告权的人掌握着；其结果不是对话程度的提高，而是具有自我指涉性的副现象的符号的抵触。正如我们所说的，医疗保障改革的斗争将会在如此的标语下进行："官僚主义分子为你选择医生"，"医疗保障危机"，"不要医疗保障危机"。策略性的巧妙论证、隐喻以及修辞语都很丰富，但是它们很少存在于真实的话语中。它们在一堆短命的标识聚集形成的超空间里彼此擦肩而过。这些正是自私的群体的企图，他们想通过空洞的标语来影响公共意见，进而不真实地影响当选的立法者，使他们为了自我利益去干预并扭曲更为真实的动议。与此同时，在这些东西的背后，一个 114
更为真实的话语就在所有类型的意识形态的所谓"摇椅"之间出现了。这里也有隐喻，有策略性的巧妙论证和修辞策略，用以获得意义。但是在这里，它们是彼此制约的。在这里，隐喻是唯一的付款人，是有序的竞争、递减的税收、最小化的政府规制、公正分配医疗保障资源的审慎保险模式、定量配给、实验法等等。我们需要一种方式能够说明意义之战的后一种模式比前一种更真实。其真实性反过来又以它对某种民主制原则的依附为基础，我们相信阿伦特和哈贝马斯的话语理论就是对这一点的说明，而我们则把这称为**话语的正当性**。

在我们完成对美国公共政策/管理的挪用之前，先要解释一下话语哲学的两个方面：真实性与对抗性关系。对于第一个方面，我们要求助于哈贝马斯。阿伦特则可帮助我们说明第二个方面。

5.2　真实性、理想的言语、对抗性的紧张关系

哈贝马斯和阿伦特以不同的方式对公共领域——在那里，自主的政治意愿的形成或是独立于国家机器，或是独立于经济——作了理论化的思考（Villa，1992）。我们必须尽快说明，我们的构成主义和组织化理论的理论基础是不允许把生活世界的实践活动划分成如此过分狭窄的领域的。我们已经描述了把物化的稳定制度和官僚制所引发的模糊效果，我们也不想回避更为抽象的范畴。这么做意味着需要把行政管理人员看做是政府的代理人，而正像我们所表明的那样，我们更喜欢将他们看做是话语正当性的根据。我们也认为不能把经济有效地概念化为黑格尔主义意义上

的某种自主力量。取而代之，我们想从这些社会理论家那里吸取的是关于规范的话语理论的最小化标准。他们讲的话语并非某个整体性领域的话语，而是作为能量场中丰富的活动与流通的交接点的多重重叠的话语。尽管如此，人们还是极力想找出一个方法来证实公共政策的过程，这一过程从哈贝马斯（Colhoun，1992，p. 17）和阿伦特（Honing，1992，p. 226）的意义上讲是批判性和沉思性的；而不仅仅是对偏见的动员（Schattschneider，1960）或偏见的集中与对恐惧的煽动。我们先转向哈贝马斯提出的建立在言语行动基础上的解放性理想的计划。

115 哈贝马斯（Habermas，1975）的写作来自法兰克福学派批判理论的传统，其目标在于批判资本主义的主导地位。批判理论从一个先验的平均主义原则开始，致力于揭示人类根本的非理性的奴役状态或明或隐的体现。批判理论的成员力图根据认知预示着超越这一原则揭示主导的东西。尤其是批判的主题是启蒙运动及其产物的自大表现：其中科学、理性与居于支配地位的文化和信仰是重要的组成部分。这些东西结合在一起被认为是一种意识形态。根据法兰克福学派的定义，一种意识形态就是一种世界观，它肯定现存但却根本上可变的权力结构的合理性。这种意识形态把自己描述为是“自然的”、“客观的”和“中立的”。马尔库塞（Marcuse，1964）称其为第二自然，因为这些是我们社会存在的方面，在我们决心改变它们之前，它们仅仅是给定的而非部分真实或完全真实。其错误就在于把可变的东西认做是永恒的。这种意识形态的一个已经被阐明的例子就是视等级制是事物的自然秩序的观念。如果真是自然的，它就不能为人们所挑战，我们做事情也就不能没有它。相反，如果等级制仅仅是一个暂时的真理，它就能够被废除，被否定，被超越和被克服。

法兰克福学派的哲学家们力图驳倒居主导地位的意识形态（资本主义的、科学主义的、技术主义的、官僚主义的），认为它们束缚（事实证明就是如此）了人类行使其最基本的平等权利。哈贝马斯的交往能力理论就是这样的一种尝试，而且这一尝试是独一无二的，因为他以挑战的姿态把自己的真理的优越性置于他和他的法兰克福学派的同事一直在批判的意识形态之上。很明显，如果没有这样的基础，现存意识形态的捍卫者们就可以简单地回答法兰克福学派的指责：“你们也一样！”即使出于论争的缘故保守主义者会同意这样的指责，即他们的论点是一种意识形态，批判理论家也没有根据称他们自己的沉思就不是一种意识形态。

为了打破这一僵局，哈贝马斯提出并一直在捍卫一个主张，即人类要摆脱不必要的主导就必须以交往本身的基本结构作为基础。他认为理性——通常被认为是一个现代主义的或启蒙运动的概念——意味着任何从事活动或作出陈述的人都可以充分捍卫（或批评）他的行动或陈述。哈贝马斯的理性也是解放的，它要求对话的参与者本质上是平等的（反对表面上的平等）。主导对于人来说必须被超越以实现彼
116 此间真正的对话，这就是为什么社会平等作为公共政策的事物为人们所追求。对于我们作为社会动物的人类来说，彼此间自由的对话是必需的，因为我们就处在社会关系的网络中。因此，从主导的社会结构中获得解放是最终目的或者说是终极点。像被磁力吸引一样地追求这样的终极点规定了人类的进步。我们之所以了解这一

点，是因为话语和我们每一个人的社会性需要这种摆脱主导的自由。因此真正的交往不仅仅是一种道德上的说教；它是人类不断走向进步的指导原则。

传统马克思主义的一个简短的同源语或许会帮助我们理解哈贝马斯的创新的动机。马克思主义者认为，当无产阶级革命以一切必要手段战胜资产阶级时，人类才会从阶级社会的统治中获得解放，资本家的剥削才会让位于无产阶级，之后，社会中将只存在无产阶级，而且因为每一个人都属于这一阶级，便没有界定的反对阶级的存在，社会从本质上来说是平均主义的，没有任何阶级存在。马克思主义者都把这看做是必然会实现而且是历史不可抗拒的潮流。到法兰克福学派著述的时候（20世纪30—60年代），通过无产阶级革命而获得解放的希望已经不复存在了。然而，在这些失去了希望的地方，仍然存在对被其他人不公正剥削的潜在批评。哈贝马斯的革新就是要构筑这个批评并且提供一个新的解放力量。那驱使我们走向一个更加解放的平等社会的不是无产阶级、第三世界、有色人种、学生或者其他任何革命性转变的代理力量，而是交往本身。交往要求平等的参与者。不平等的交往是矛盾的说法；不平等的主体间的交流或者是命令或者是默许。

哈贝马斯的论证集中于政治表达上，但它已经超越了我们所熟悉的自由言论概念。自由言论是不够的。参与对话的平等机会也是必要的。由于理性的非异化的交流对于我们作为社会的存在——即我们就处在社会关系的网络中——是极其重要的，我们才对其有着浓厚的恒久兴趣。真实的交流是人类进步的终点。真实的交流会走向理性，“因为某件事情只有在得到两个以上的人的认可时，才是理性的”（Giddens，1990，p. 229）。

> 根据哈贝马斯的观点，一个功能平稳的语言游戏是建立在多数人的共识基础上的，这种共识是由至少四种不同种类的有效诉求的相互确认而形成的……
> 这些有效诉求就存在于言语的交互活动中，比如说这样的诉求：言语是可理解 117
> 的，它的内容是真实的，言说者在言说的时候是真诚的，还有对言说者而言加入言说行为是正确的或恰当的（McCarthy，1975，pp. xiii-xiv）

一般地，这四种有效诉求——可理解度、内容的真实性、言说者的真诚和言语实施的适用性——是默许的或者说是潜在的，它们是背景性的假设。然而，如果出现了一种情形，即一个或更多的有效诉求是有问题的，话语就会转向特殊的、与解决有效诉求的问题相一致的目的。在这时候，就必须确立某种规范或以话语来修正规范。论证必须被重新审视，以便能确认各种立场的合理性。用存在主义的话说，背景性的假设能使交流具有真实性。在真实的话语中，我们仿佛是在任何时候都被要求以话语形式修正我们的言说的四种有效性类型。因此，在理想交往的竞技场中，歪曲是必须避免的。因此，如果由于制度化的不平等导致了歪曲性的交流，那就会出现问题。理想交流的条件是不存在的或者是很罕见的，这种状况正是激进的现状批判的基础，在这里它已经超越了我们的直接目的。在此，我们有充分的理由认为，是主导的结构系统地导致了歪曲性的交流。等级制中对上司的奉承和对下属的粗暴施压就是明证。要想超越由于这种主导而产生的真实交流，就要允许话语对有效诉求的修正的自由游戏，所有的参与者都必须具有：

> （1）均等的机会来选择并实行言说行为……
>
> （2）承担对话角色的有效均等机会……去提出话语并使之永恒化，去提出问题，制造问题，给出对陈述、说明、解释和判断赞成或反对的理由……
>
> （3）相同的机会去表达态度、感受、目的等，以及去命令，去反对，允许或禁止等等。（McCarthy，p. xvii）

尽管理想的言说条件不存在，或很少存在，但这一理想本身在有识之士中间是不言自明的，即使他们还不曾听说过哈贝马斯。四种有效诉求（可理解度、内容的正确性、言说者的真诚、言语实施的适用性）以及参与者是自足的言说者的假设似乎是任何有意义的对话的基础。我们几乎能够听见尊敬的朋友和同事们在商讨。我们为什么不去问：

118 （关于可理解度）你可以换一个不同的方式吗？

（关于真实性）假如……那还正确吗？

（关于真诚）你在开玩笑吗？

（关于适用性）对不起，你来得太迟了。我们已经讨论过了。

因此，真实的交流，或者其他诸如此类的东西，都是和我们人类的社会性相关的实践的理想。

尽管与哈贝马斯的这一理想一样的东西是在真实的话语与其妄求者之间作出明显区分的序言，我们还是必须尽快与它的两个方面保持距离：它的道义论的特性和与之有密切关系的、我们称之为和谐的假设。对于第一个方面，若第 4 章描述的理论基础是正确的，我们就不能谎称理想的话语已被上帝或任何类似的观念替身——自然、理性或科学——预先决定了。我们不能说，之所以要追求理想的话语，是因为在它自己的自我有效的前提的基础上讲，它在形而上学的意义上说是正确的，例如，哈贝马斯的交流需要平等的论点。当我们把哈贝马斯的理想理解成话语的正当性根据时，我们只是在经验的/实用的意义上说的。我们没有提供正当性根据是因为它们与一种在抽象的哲学思想中发展起来的理想相一致，但也是因为它们与人类在群体中的实际行为相一致。我们建议在具有情境意向性的身体—主体的一系列实际的（而不是理想的）行为之间建立一个有固定标准的而不是以经验为基础的分界线。我们认为，就像讨论我们提出的问题的文献所认为的那样，有些重复性实践会导致赞成平等的愿望的形成，而其他的实践形式却在试图挫败它。作为一个优先前提，我们也假定对那些期望的人来说，民主愿望的形成是一件好事。然而，就像我们的理论基础规定的那样，所有这些预先假定都是有争议的，而且它们自己也得服从于矛盾斗争中的话语实现。

真实这一概念所暗示的至少被一般人所公认的规范的或者道义论上的标准是怎样的？再说一遍，柏拉图主义的或理想的形而上学的形式的真实——现实世界的近似值就是以它为背景衡量的——是不存在的。进一步说，真实性意味着完整性，而完整性反过来又意味着自足的、独立的自我，这一自我又是与完整性相一致的。正如后现代主义所证明的，如果自我现在是非中心的，完整性就没有什么可与之相一致，也就没有判断真实的方法，甚至根本就不存在真实。对于这个难题，我们没有非常满意的答案。我们只是提出一个向话语争论保持开放的观点，这种争论尽管在哲学和人类学上说是相对的，但在某种程度上仍存在一个坚实的普遍意义，这一意 119
义是围绕真实这一术语而社会地建构的。政策话语就是这样一种真实的话语，在那里，哈贝马斯的背景或默许的有效性诉求的话语实现是可能的，不会被上下级关系排除在外。因此，真实的政策话语在这个意义上说基本上是民主的。

与之密切相关的第二点是，在我们关于公共行政的替代性话语中，话语的修正不一定要导致共同同意的和谐。我们不像哈贝马斯那样坚持认为有效性诉求的话语实现必须达到和谐，必须是没有争议的、非主导的普遍同意（Fraser，1992）。目的论形式的人类解放目标设定了一个人类孜孜以求的基本的乌托邦秩序，我们则不会这么做。对于形而上的和谐的这一假设的矫正可以借鉴阿伦特（Arendt，1963）的对抗性的话语理论。

对抗性有几个含义。“对抗”是一种公共竞争，如果你愿意，可以说成是奥林匹克运动会。在生理学中，对抗指的是肌肉的收缩运动受其他肌肉的控制。因此，在对抗中存在着无法简约的他性、对立或紧张关系。但这种对立不是碎片化的，离心的反对被对普通参与的向心承诺抑制着。进一步，在对抗中存在一种竞争的英勇特征。个体在竞争中发现甚至是发展了自己迄今仍潜存的方面。对抗也用来描述一个经历内心冲突但因这一冲突而成为一个整体的人。

我们的话语理论包含的对抗性方面意味着观点的多元化甚至话语的多元化。我们认为，在一个真实的话语中，参与者的立场和观点都将经历改变。然而，个人的观点并不会被当时的情境所吞并而变成无差别的同质的东西。考察并理解别人的观点，理解它对于他们是如何成为必需的，这和接受它并与之同一根本不是一回事。一个人可能会认同对一给定话语的临时结果，如果他已经拥有平等的机会影响这个话语，即使他的观点并不占主导地位。一个人可以毫无保留地认同别人曾经并仍在持有的观点。结果，对“我们下一步该做什么”这一问题的临时回答不会使所有的意见达成完美的一致。人们可以想象许多种一致，从为了继续一个一路上富有成果的调查而达成的临时的工作妥协，到一种必要的群众团结，例如，法国革命风暴中的大团结。对于“下一步我们该做什么”的问题的回答将会在能量场的空间里（姑且这样说）发生，并伴有类似电流的不同电压水平，而且被多样的对抗性观点间的 120
紧张关系所控制。

在阐述了哈贝马斯的理论，并且在我们的构成主义理论和阿伦特的对抗性的公共领域的基础上对其提出异议之后，我们现在该说明话语的正当性根据了。

5.3 可废止的话语正当性

哈贝马斯不切实际的理想，甚至在摆脱其形而上学的包袱和采纳一种实用标准的时候，也可以转换成一套切合实际的尺度，依照这个尺度，后现代副现象的代码和独白性的（非）交流被认为是有欠缺的。由于公共政策陷入政治死胡同而造成的美国人的沮丧情绪，新部落主义的无法通约的语言游戏的幽灵，新闻娱乐化的媒体框架，自我夸大的名人讲话，这一系列东西以及其他当前陷入困境的符号系统使我们认为：纯粹的容忍是天真的和不坦白的，是自己打败自己。我们认为在公共政策话语中可以容忍的东西（至少是事后的）就是在话语的正当性内能被话语实现的东西。种族的绰号、性别主义的评论或者反犹主义都是主导和排斥的语言，不能看做是真实的交流。导致公共行动的公共讨论不必坚守论证、诉求和实施的纯粹利己主义的整个范围。在真实的话语中，谎言、半真半假、诡辩都应以其名字来称谓。另一方面，也应对因漠然态度产生的没有意义的想法给予注意（事实也是如此。受雇的“代言人”也同样不能提出协商性的话语以免他们的合同被废除）。当下的人类群体实际上取消了被滥用的正当性。问题不在于是否存在话语规则；在人类群体中总是存在吸纳和排斥的规范标准。我们总是故意避免激烈地镇压、开除或忽视那些违反默许规则的人。我们想为公共政策话语的排斥性诉求提供保障，这些诉求或是不真诚的，或是只为自己服务，或是来自不愿加入话语的人群，或是来自所谓的“自由骑手”。

在下面的部分，我们将解释我们有关话语的四种正当性根据。它们是：（1）真诚；（2）切合情境的意向性；（3）自主参与；（4）具有实质意义的贡献。

5.3.1 真　诚

121 真实的话语需要参与者彼此间的信任。不真诚的态度会破坏彼此间的信任。因此，有关严肃问题以及公共难题方面的话语，需要对话者有对真诚的渴望。我们说“渴望”，是因为甚至最真实的话语中最受尊敬的参与者，也很少能完全做到真诚，即使对他们自己。人们总是自负地把一切都固定化，顽固地——尽管是无意识地——坚持释义只对他们自己有约束力，而且筛选出使他们感到痛苦的认知上的不和谐点。取消常人的过失的正当性并非我们的本意。人类也许不能做到绝对的真诚，但我们在此也无法定义什么是绝对的真诚。然而，我们能够（通过否定）来说明什么是不真诚。

认识世界永远是一种挑战。当公共话语的竞技场被无诚意的诉求充斥着的时候，认识世界将变得越发困难（Fox and Miller，1993）。我们可以将不可信的诉求分为重叠且不精确（也不详尽）的三类：（1）由于对话参与者彼此间的不信任产生的不真诚的诉求；（2）对于已做出的不真诚的诉求的无力辩护；（3）精心计算的、有意识地迂回的诉求。我们不赞成去审查不真诚的诉求或者宣布其为不合法，因为先前并没有一些足够的标准来定义不真诚，而且正式规则的实施机制会把我们带回到宪法仪式的问题上去。但是，不真诚的诉求对话语是有害的。

纯粹的容忍是自由言论的自由主义传统的一个理想（Marcuse，1964；Wolff，Moore，and Marcuse，1965）。根据米尔塞（Millsian）的自由言论概念，所有的诉求都要经过民主过程而且要对导出真理的理性做冷静的详细审查。所有的诉求，尤其是不流行的或者表面上很古怪的诉求，都应该有表达的机会，以期望能获取以前被忽视的真理因素。但是，这种话语有一个前提可使诉求成为真诚的。然而，还是有人假定所有被提出的诉求实际上都是不真诚的。说谎者之间的自由言论至多是一种无用的姿态，因此问题变成了：人们该如何尊重自由言论和培育它？居于支配地位的答案到目前仍是纯粹的容忍，举个恰当的例子：平等地容忍所有的诉求能使思想领域获得什么样的开放市场；假装无视不真诚的存在和真实性的缺乏；忽略不良的信任度并认为这些诉求是在如此好的信任度的前提下被提出来的；假装自由言论是有效的。我们承认，在后现代状况下，符号在策略性的巧妙论证中被不真诚地挪用了，我们假定自由言论是有效的，这本身就是不可信的。不真诚的诉求以及它们 122
的彼此迁就会毒害话语的流通渠道；通过同意这种诉求的可容性，我们串通起来操纵其他人。

第一种类型的不真诚的诉求很久以前就有人为之哀悼了。伊索寓言《狼来了》就是这样一个范例。这则故事的寓意是，违背真实性原则会使有成果的交流最终导致失败。政治竞选中虚假的承诺，以及对产品夸大的声明都会促使这种不真诚的诉求的形成。“不再增加新税”这种不情愿的承诺会因为不真诚但却同样果断的诉求而贬值。把“轻便”和“无胆固醇”标签贴在产品上，通常也是有关产品实际上已经变得更优这种贬值的诉求。信任失去了；没有人可以相信。在如此的语境下，即使是真诚的诉求，现在也变得令人怀疑了。共同的言语资源，公共性的对话，都已经贬值了。

在上述的任何例子中，或许有人会证明说没有人真正地说过谎：产品上的“轻便”标签过去并没有被充分强调过；或者，我们仅仅征收已存在的税赋，没有增加新的税收。这些二级辩护进一步加深了话语的贬值。如果把说谎看做是对真理的描述，那就该饶恕说谎行为。在“描述真理”的情形下，谎言中或许被包含了历史问题研究所和大屠杀公开辩论委员会（the Institute for Historical Review and the Committee for Open Debate on the Holocaust）的成员布拉德利·R·史密斯（Bradley R. Smith）的努力，他把纯粹的忍让说成是一种严肃的诉求，即毒气室是存在的，但不是为了种族灭绝的目的。史密斯不真诚地使用的符号——历史回顾和公开辩论——与真实话语的符号非法地并存着；我们获得了有关平民悲剧的语言学版本。一些人对平民的符号的过分使用毁坏了它对所有人的效能。

第三种类型的不真诚的诉求（精心计算的、有意识地迂回的诉求）是最具破坏性的，而且最难加以定义，因为它几乎是真实话语的模仿。这并不是一个偶然。诡辩不会宣布其本身是什么样子；它的标签被隐藏了。我们认为一些思想库的分析家、演讲者、法官、记者、广告商以及竞选议员都可以被雇佣来使最似是而非的东西对于他们自己或他们的客户（通常是富人）来说成为可能的。这种属于第三种类型的歪曲艺术家可以歪曲统计指标，作出精细的判断，并且写出完整的、看上去似乎很合理的书籍。通过使用精巧然而具有欺骗性的论据，诡辩者指控、责备、掩
123 盖、解除真诚可信的论据，歪曲那些应该如实考虑的历史事件。我们认为有些论证——例如通过存在于美国但在别的资本主义国家不存在的市场力量使行政官员的工资合理化的论证——就属于第三种类型的不真诚。但是，即使我们努力去做了，我们也找不到理由来预先排斥具有潜在狡诈性和欺骗性的论证，正像我们在动机说出之前是无法知道它一样——即使说出后也不能确定。一个诉求，即使被真诚地提出来，也有可能被误解。然而，我们能够看见所带来的损害，结果是话语的恶化，在公共行政领域，实际的结果是政府无力按公共意愿办事。政府已经成了破坏性的部门，它无法保证公共利益免受强大的私人利益的冲突造成的损害（Fox and Miller，1993）。没有一个真诚的公众话语，就不要指望满足公众利益且为此付诸行动。

5.3.2 切合情境的意向性

这一正当性的切合情境的能力确保了话语将针对某个对象或者说一定语境中的活动。具有切合情境的意向性的言说者会考虑问题发生的语境，受到语境影响的人们的生活以及公众的利益，使意向性直接指向手边的问题意味着对其他人的容纳（因为根据定义，公共政策实施的情境是社会性的），但也不只是如此。切合情景的意向性对抽象的意识形态姿态有所戒备，当讨论者没有要思考的问题，没有宣讲的情境，没有确立其抽象的理论化的语境时，这种姿态就会出现。换句话说，当问题的具体性增强时，陷入后现代的超现实的危险性就会减少。通过把他们的诉求和一种情境联系起来，讨论者能更好地把每个人的注意力集中在公共政策问题上，其中最重要的就是：下一步我们应该做什么？

我们提出意向性的问题是为了确保个人议程的重要性。切合情境的意向性是一种从比原子化的、效用最大化的个人的立场（他们的言说仅仅关注自身的意向性）具有更高的概括性的立场来讨论问题的能力。在超越（但不是否定）关注自身的意向性的过程中，某一公共利益的概念将进入游戏，尽管这种公共利益被假定为是一种理想，而不是一种可获得的条件。对于真实的话语来说这是必要的，因为在要求话语实现的情况下，依赖于个人利益总的来说是不能令人满意的。在以“必须实施议程 A，因为它是站在我自己个人利益实现的基点上的”作为基础的公共领域论证
124 行动的过程是没有说服力的。当然，这不排除个人所处的困境也是整体困境的一部分的情况，也不排除个人利益代表着群体或阶级作为整体的一部分的利益。但这些部分的利益不能居于整体的公共利益之上。应该尽快补充的是，个人权利的问题就处在我们的公共利益的定义中，所以集体的逻辑并不总是胜过个人（这和我们从阅读社群主义的文献获得的令人不舒服的意思正好相反）。然而，那些只考虑个人自我利益的诉求有充分理由被更多的总体性的诉求所替代。如果一个人仅仅强调他自

己的利益，他实质上采取的是道德的利己主义的立场，而且在每个方面都是如此，对于其他话语的参与者而言，在这一立场中有一种对这一诉求保持警惕的倾向。时常，伦理的自我中心将被大打折扣，他或他的正当性也将终止。

在麦迪逊（Madisonian）的传统中，话语被理论化为私人利益间的论战，这导致了一个强有力的暗示，即自私的动机确实也应该占支配地位。狭隘的诉求，尽管不能公开给予鼓励，也是被期待和允许的。在挑战这一传统的时候，一种关注公众的理想也可以在文献中找到。

> 正是“我们”的思考迫使个体在公共物品的互惠语言中重新表述他们的利益、目的、规范及计划。“我想要 X”必须被重新看做是“X 对于我所属的社会是恰当的”，这是社会代数学的一种运用，但这一社会代数学并非对每个“X”都适用。（Barber，1984，p. 171）

古德塞尔（Goodsell，1990）提供了一个更深层次的看待公共利益的方式。他的论点，简单地说，就是鼓吹公共利益的言说者至少要诉诸社会规范的庄重性和尊严。其他种类的诉求，例如市场交易中的诉求，并不具有这种意义。以公共利益的名义发出的言论或诉求强调它与相关公民的最高利益是一致的或者是相关的。言说者声称他代表着公众利益并且通过使用比狭隘的个人利益更广义的论点邀请其他人也加入这一诉求。话语的参与者把意见集中起来，通过这样做关注公共利益。在话语中论及公共利益的人有责任说出他们的社会目的的思想，并要说明这种目的应该
怎样去实现。通过阐明公共目的，他们可以使关于公共利益的思想具有一致性。意 125
见的实施也应在考虑之列；如果意见得以实施，公共利益是否就真正地被维护了？问题的关键在于公共利益的含义以及公共利益这种提法是否会广泛流传。

5.3.3 自主参与

我们希望通过自主参与来表达一种积极主动、甚至热情参与的精神状态。它使人们自愿去从事争论、去冒险，甚至去犯错误。如果从一个层次上说，进入（讨论）必须要注意避开那些表现出自私自利和自高自大的言论，那么，在另一个层次上说，它同时也需要关注事实、过程及那些深思熟虑得来的结果。参与精神意味着密切注意那些影响特定政策讨论的事件，同时也意味着在充分尊重其他人合理的观点的基础上，实实在在地努力跟上讨论的整个进展。要学会去听和善于听明白，也要学会言说。

自主参与的尺度体现在两个关键的方面。第一，缺少参与精神的参与者由于无法把握讨论的进程，因而无法真正参与其中。心理上对讨论的远离使这些人失去了深入理解讨论中那微妙或细微之处的能力。一段时间后，其他的参与者已经倦于再去阐述某些东西。而这些东西，如果这些聆听者留意的话，可能就是他们期待已久的。冷漠使这些参与者不再有参与的能力，这并不是冷漠本身的错，而是由于话语

能力根本上出现了问题。

第二，话语参与者肯定会怀疑一个没有自主精神的同事能否忠于事实。由于外在的压力而被迫参与其中的人进入话语阶段也是枉然。

5.3.4 具有实质意义的贡献

话语的正当性也可借助于一个人对情境的接近，借助于提供一个独特的观点、特殊的专业、普遍的知识、相关的生活经历，或借助于表达某人所代表（积极地或消极地）的公民群体或阶级的兴趣的能力来获得。从这方面来说，能够简明扼要地为一个新来的参与者概括争论至今的发展进程或勾勒争论下一步新的发展，就是在
126 推进对话的深入。此处的标准是包容性的，不是排他性的，任何人都有机会在对话中发表自己的观点。

长期以来人们公认，公共行政者（也就是，职业公务员或政策执行者）就是借助于实质的参与而在话语中具备了权力，但有时他们被诋毁为是专家（Fischer，1990）。而且，他们被选举出来也就意味着他们要去运用这些权力。参与政策的执行是另一种运用，努力改造自己的价值观也是一种。还有用政策改造自己或朋友的生活方式，与形势密切关联的生活和工作等都是这种运用。参与的机会不一定要依赖于法定的正式身份。只要遵守话语规则，已加入到民主话语中的人会欢迎任何人和所有的新来者。

我们大多数人都会记起像兴趣讨论小组、委员会会议、学术论坛、邻里协会等这样的例子。某些人并不具备我们所说的能进行有效讨论的必要条件，但他们也要参与，他们不是不真诚、傲慢、追名逐利，就是只喜欢自我吹嘘，或者是不得不参加这些活动，或者是本身缺乏一些必备的技能和素质。我们也都记得这样的事例，在那里确保沟通可信的规则遭到了破坏。很可能是斯文和怯懦妨碍了潜在的正当性得以公开实现。如果我们努力维护真实的话语的尝试还有点作用，如果我们对当前威胁真实的交流的东西有正确的认识，或许斯文和怯懦这种生来就属于纯粹容忍的东西，当现在这些明显的正当理由受到破坏的时候，必须加以克服。不真诚的言语是没有用的，参与者被迫做出的诉求不能当真，仅为扩大个人私利而作出的诉求也无需理睬。

这个部分最好能冠以“话语监督”的标题。但需要注意，这种监督是贵族们运用各种各样精密手段完成的，一个有能力的成人很容易发现他们在使用这些手段时留下的多种多样的细微线索。而且必须记住，与其说这些正当理由是先天的，倒不如说它们是过程的规范。我们不会容忍被用于自动排斥任何人和任何观点的规则。没有人会站在门外收集正当的理由或符号来履行忠于话语的誓言。人们学习成为有能力的话语参与者要经过一个成长过程，这需要时间和充分实践的机会。我们阐释话语的标准并不是为了把它的实施限制在最纯粹的形式中，而是为了阐明一种使政策对话能带来丰硕成果的理想。我们认为，就参与不会武断地把任何人以及所有愿
127 意遵守真实话语的人性规范的群体（显然包括公共行政人员在内）拒之门外而言，

话语可以说是一种民主过程。

5.4　话语的应用

态度温和的读者可能会说，所有这些讲得都不错，可是这种话语理想怎么才能成为公共行政和公共政策的一个新模式呢？首先应该承认，我们并不是要把所有的时间都浪费在话语意愿的构架上。扎扎实实地提供公共服务长期以来已经被证明是有益的，但却不需要费力的冲突性话语。换句话说，那大量的重复性实践仍是导致审查的稳定基础。

不过，就其至少和传统理论、构成主义或公民主义一样作为现象学的生活世界的“现实”而言，公共行政的话语理论仍是合乎规范的。但并非每天的每个时刻都要沿着等级制度向上司报告，都要忙于某个人的就职宣誓仪式，或者都要忙于公众事务。因此可以这么说，所有的模式都发生在生活世界大量的习惯惰性的边缘。

我们自始至终的讨论都与公共行政和公共政策有关。这是因为我们认为这两种说法是同一的，它们指的是同一种现象。公共政策并不仅指那些立法机关制定出来的东西。公共政策也有如何在下层决策参与者面对面的交锋过程中实现流通的问题，这种流通实际上要通过立法行为和财政拨款而获得力量（Harmon，1981）。而这种面对面的交锋，作为以被建构的现实为基础的重复性实践的融合，实际上是话语性的。负责工地安全的检查人员会就不安全工地的补救措施进行协商；领取福利金的工人会就法规如何保障生活在贫苦饥饿边缘的妇女儿童进行谈判；环境管理者会就由于以不明确的规则为基础的土地征用条例在许多重要地方的运用而造成的地方政府滥用土地的现象进行谈判；起诉人请求审理他的案子以免法官受到更多的阻碍。在所有的这些谈判中，话语越好，政策就越好。真诚、切合情境、自主参与和实质性参与比说谎、自高自大、不赞同却又默认和妨碍议程要好得多。

注意，这些政策执行的例子并非理想的话语，也许纳税人和国税税收人员之间
面对面的交锋永远不会如此。这种交锋是被迫的，这里有不平等的权力的运用。政 128
府是要统治的。尽管如此，我们仍可以推断，我们越接近话语的理想，交锋就越真实，政府就越少是“他们”而越多是“我们”。

第 *6* 章

初始的话语形式

129 在我们以前，有人就已经认识到，许多公共政策的制定几乎没有公众的参与，我们也不是第一个考虑超越环式模式的人。我们可以通过公民直接参与的方式来纠正这种极为普遍的民主模式的不充分性，在这一点上，许多人做出了尝试。波特兰市甚至建立了邻里协会办事处（Clary，1986）。在许多改革政策进程的尝试中，参与是一个一致认可的主题。近期颁布实施的许多法律要求每一层级的政府举行公众会议和公开的听证会。除了公众讨论会，还提出了许多概念、技术、实践和方法来提高民主程序。公民参与、权力下放、公共事务的共同参与、公民授权、参与研究、行为研究、焦点群体等都显示了这一趋势，可以肯定的是，顺应这一趋势的行为还会出现。该如何评估它们的民主潜力？我们认为，答案在于远离上一章作为话语正当性描述的话语理想。

6.1　政策对话

在话语中，有许多东西会导致错误，正当性作为一种规范形式被认为是为了阻止出现最严重的破裂。在这一章将考察与推进参与和民主话语的动机有关的案例、例子和说明，并会提出一种类型学以对这些例子进行评判。我们首先确认几个案例，在这些
130 案例中，话语类似于统治精英的操纵（极少数人的对话），接着，我们要把此种案例和表现主义的无政府状态（多数人的对话）相

比较。少数人的对话代表这样一种政治，即通常是精英理论家在评论。多数人的对话是摆脱了精英统治的话语的庇护所。然而，这最终也不是令人满意的，因为话语的这种无政府状态和无秩序的结构不利于形成公众意愿或政策行为。然而，如果多数人的对话维持的时间比较长的话，它有可能推动结构化，加强凝聚力，这是我们一直渴望着发现的那种真正的话语。我们把此类话语称为部分人的对话。

部分人的对话的话语把公共政策文献中认定的新生的结构化描述为政策网络系统。真实话语的规则在许多公共政策网络系统中是可以察觉到的。公共行政人员、来自工业集团的政策专家、政策智囊团、立法人员、公共利益集团、立法者和其他种类的公民都想认清形势。而且，他们还力图把形势理解成行动的前奏——一个公开的问题是：第二步该做什么才能够使得参与者和他们之间的互动保持旺盛的势头，创造出动量和变革的可能性。

像这种政策网络系统通常并不是理想的应用模式——有权力的参与者常常能够排挤无权力的参与者；有时，政策提议不过是自我夸大的手段；所提供的论证并不一定是真诚的。但是，话语模式提供了一套标准，依靠这一标准，可以判断出政策对话的真实性。尽管这些发现并不一定是鼓舞人心的，但我们希望把这些讨论看做是真实话语的开始，同时也是对不真实的话语的揭示，这种不真实的话语或者是处于连续性的一端的独白性的操纵，或者只是处于另一端的情感宣泄或无政府主义的杂音。

6.1.1　独白性的操纵

列出下面的小节不是因为它们是独白性交流最好的例子——电视商业或结构严密的等级制是这一可疑的区分的对手。更确切地说，在我们所论的例子中，参与本身就是问题所在——在那里，为扩大参与而做的努力通常是研究的主题。人们可以理性地期待那些研究公民参与这类主题的人深入地关注民主的问题。但是，扩大公众意见的努力有时也会出现故障，原因有多方面，比如太过于冷漠、可行性不够、公共舆论在政策中体现太少，还有在政策过程中，公众意见采纳得太晚等。公众听 *131*
证在实践过程中总是被那些组织合理的、感兴趣的或有直接利害关系的人所控制。有讽刺意味的是，这些努力的结果有时更像是少数人对话的独白，而不是民主的话语。

A　少数人对话的例子

在我们开始批判少数人的对话之前，为民主参与所做出的努力的情况是什么样子呢？对近期文献的回顾导致了一系列公民参与研究。

a. 调查

调查方法通常被视为是民主咨询的一种方式。例如，在亚拉巴马州的奥本使用的调查方法（Watson，Juster，and Johnson，1991）表明，如果调查过程是反复的（上述调查在每年 4 月份进行），是由政策制定者认真操作的，并充分有效地反复重申参与者能够学会怎样成为好公民，那收集起来的问卷数据对公共政策的制定就能有用。实际上，布鲁迪尼和英格兰德（Brudney and England，1982）认为，公民调查是有价值的，尽管正面影响是由于公民行为的变化，而不是由于公共政策的提高。问题是，双方都有根据权利提出要求的人，这与统计调查数据和使其关联起来的方法有关。参与者的分类和人口统计特征就是优秀的预言者，因而，根据批评，为了最大多数人的意图和目的而认识这些特征是完全必要的。但是菲茨杰拉德和杜兰特（Fitzgerald and Durant，1980）发现，诸如种族和收入方面的人口统计特征与满意服务之间只有“极其微小”的关联。还有一些人发现对调查的回答仅仅反映了此参考群体的标准（Simonsen，Collins，and Barnett，1993）。并且，回答通常表达了对政府的态度，而不考虑语境与环境。最后，问卷回答通常暴露出回答者对政府做什么这方面的知识缺乏了解（Simonsen et al.，1993）。

b. 市民专门小组

卡瑟伦和马丁（Kathlene and Martin，1991）试图证明民主制对于他们多方面对的市民专门小组的调查的优越性，此调查包括四个邮件调查、两个家庭访问和一个电话调查。还随机邀请了一些跨部门民众参加市民专门小组。这个特殊的市民专
132 门小组的目的——测试它是否产生差异——是为了测定市民专门小组计划对当地运输委员会公开（或模棱两可地）规定的地位的影响。

c. 政策分析

德利翁（DeLeon，1992）的“民主化”政策分析是想提高公民在公共项目形成中的参与度。

> 民主化的政策分析概念相对直接一些。这一观点不是为了使每个公民都介入决策的制定（或“实施”，如模范城市），而是为了提高公民在公共政策项目的制定和阐述中的参与度。它不要求许多人参与实际政策的决策（就像人们在强势民主中发现的那样），而是要求政策分析者制定并积极实践把公民的个人观点融入政策形成过程的方法。这表示有意识地努力把正确的个人偏向转换或集中到公共政策中去。（DeLeon，1992，p. 127）

d. 邻里互动

我们也考虑了过去没有但将来会存在的公民参与的尝试。托马斯（Thomas，1985）引证了底特律的一系列对居民有害的再发展项目，在这些项目中，市民有组织的反对被忽视了。对于声名狼藉的极镇（Poletown）项目（在该项目中，城市对著名领域的权力被用来为通用汽车公司的一次土地购买扫清道路），托马斯写道：

> 真正的问题不是极镇邻里议会为什么没有停止此项目，而是它为什么不能成功地将小人物的意见在计划项目时考虑进去。市政府从不承认对立团体的权力存在，因此参加立项的人很少。（p. 97）

尽管有人考虑到项目的经济利益而质疑极镇邻里议会抗议这一项目的权力，但

这些经济利益本身就是成问题的。因而，像底特律持续依赖于正走下坡路的汽车工业这类问题就在于城市的项目花费，其他许多相关的问题也是如此。

B　加强独白的趋势

当某些机构试图通过运用公开会议、听证会、焦点群体或者社区教育等来提高政策制定中的公民参与时，由此产生的政策对话——就像意义之战一样——不仅是 133
开放式的，而且有可能是可预见的。调查研究和有组织的访问是社会科学中话语的这种预示唾手可得的例子。在这里，政府机构、研究员或者“推动者”决定要讲什么问题，哪类问题有益，哪些问题应排上议程。公民调查也有缺陷，它只反映变化的现实某一时刻的情况。

> 公民调查……只引证了某一时刻的意见和忧虑，而且，它不是公民与官员之间动态的、互动的过程——信息和观点的共享。……使用何种类型的公民讨论会？提供多少信息？在决策程序中公民何时参与？在公共政策决策中公民意见的重要程度如何？这些都是由官员决定的（Kathlene and Martin，1991，p. 49）。

出于改进目的的市民专门小组确实适时地引证出了多角度的意见，但是仍不能说公民介入了政策话语。他们填写调查表，参加电话采访，当他们挂断电话时，他们仍然不知道要利用这些意见的精英是否真正地听清楚了。如果这些人听清楚了的话，他们认为这些意见代表什么呢？显然，值得人们广泛参与的政策行为发生在运输委员会（Transportation Committee），调查小组的公民只能希望选任的精英能够听取他们的意见。

当和扩建图书馆的努力进行比较时，市民专门小组的操作潜力是透明的，这两个提议是分别同时提交市民专门小组的（Kathlene and Martin，1991）。官方布告栏上回顾并讨论了图书馆扩建尝试的失败，但是公众没有公开参与——直到该城市举行特殊选举之前。在选举中，扩建的建议被否决。教训是：扩建图书馆的倡导者本应该使用市民专门小组。如果我们正确地理解此次教训，市民专门小组当是精英们必须让他们的议程被采纳或为他们开路的必要的法律程序。因此市民调查小组应恰当地称为一种“方法”（p. 61）；有些人可能会加上一个词：“操作方法”。

当克罗斯比、凯利和谢弗（Crosby，Kelly，and Schaefer，1986）敦促“听从市民的建议”时，他们说出的远不只是精英操纵市民调查的问题。也就是说，他们 134
不一定要这么做。但是，何时听从他们呢？如果市民调查被大家所理解，就像它们在代顿（Dayton）那样，由于人们对街道卫生的满意程度下降，导致了为增加街道卫生装备费用的呼声的升高（Stipak，1980）。那些需要资金和设备的人就会大力宣扬公民的意见。

“民主化”的政策分析就像公民调查项目一样，提供的公民参与也是不真实的，它实际上是在市民直接参与到精英政策制定者中制造距离。这种解决方法，就像上面描述的调查研究和市民专门小组一样，仍是把原子化的和最大化的个人当做基本的分析单位，而没有提供任何承诺，即公共场所的诉求是或应该是——话语实现过程中——真正考虑的对象，或者是为了按照真实话语的标准行事而进行的对抗性的斗争。在进入公共讨论场所之前，不会有提高功利的自我利益的呼声。实际上，个人偏爱是唯一被承认的诉求。

这里值得回忆一下斯图尔特、丹尼斯和伊利（Stewart，Dennis，and Ely，1984）的观点，他们评估了丹佛市的一项计划，以“说明怎样控制技术人员在政策分析中的重要决断才能够保证公民参与的有效性”（p. 80）。其中的问题有：包容/排除的问题以及是谁授权制定议程。技术人员从来都不是中立的，尽管他们和诸如客观、中立、科学分析等术语联系在一起。纯粹的技术人员为每一个种类命名，决定哪些变量值得追踪，要求参与者集中于一个或一系列问题从而使他们的注意力离开了其他问题。定义问题的这些时刻不是先天地就有害；问题必须由某人来澄清，以作为社会行动的先导。

不论对上述推进公共话语的胆怯步骤做怎样的批评，都值得把这些批评当做一种角度看待。我们可以看一个民主目标完全缺乏的例子。公民为控制议程而与技术独裁者、调查研究员和在政府任职的政策分析家的斗争和他们反对强有力的经济利益集团的斗争相比，显得苍白无力。底特律不听从那些有理由进入话语的所谓参与者，而容纳强劲的组织机构，于是，在那里出现了民主的悲剧。根据贝龙和戈尔（Bellone and Goerl，1992）的说法，“并不是所有的公民都想参与，因此不应该在自由民主理论的教条下，强迫他们做这事。然而，没有足够的机会提供给那些想参与的人”（p. 134）。

这些机会，虽然稀少但却是可获得的，可能仍然不等于民主话语。上面列举的
135 案例说明，甚至当调查被用来提高民主时，其影响却是进一步加强了公共话语的独白倾向。当精英制定议程的时候，独白话语的问题就产生了。然而，技术治国论的方法提高了民主化程度，因为知晓市民的偏好，精英现在可能必须认识到存在一系列和以前表述的观点不同的意见。没有调查资料和其他形式的公众意见，不同的观点就不会被认识到。因此这些例子是初始的话语形式，但是他们是否满足真正话语的标准是我们下一步要关注的问题。

C 少数人的对话的正当性的丧失

针对那些标准本身（诚实、切合情境的意向性、自主参与和实质性贡献），我们将在下面说明，为什么上面描述的公民参与的努力对促进市民参与决定下一步行动来说是不充分的机制。

a. 诚实

我们已经说明诚实是为了防止捏造事件、错误表述他人和自己的立场。上面的案例对评估参与者的诉求的诚实性没有提供很多的资料，但是它们有助于澄清忧虑的根据。

匿名。当为代理商、拿薪水的行为者或被雇的公司做广告来构建和传递他们有说服力的信息时，实际言说者使用匿名这个习惯一直保持着。问卷设计者、问卷回答者、解释资料的技术师也保持匿名。匿名在社会科学方法论中通常被视为是一种

德行。然而，当话语参与者也匿名的时候，他的诚实就令人怀疑了，挑战某人的诉求的可能性就会丧失。让某人的诉求在怀疑者那里得到补救的机会也会消失。在少数人的对话中，所丧失的基本原动力是对形成目标有作用的对抗性的关系。对抗性的不一致既包含意向性，也包括社会互动，它反过来又意味着话语的可能性。话语渴求回应，欢迎对话。话语中参与者的意向性创造了公共能量场——这在匿名状态下是缺乏的——并转而引导着社会行动。

b. 切合情境的意向性

我们提出意向性的问题是为了证明一个人的议程确实重要。切合情境的意向性 136
是一种针对具体情境讨论问题的能力，但在某一方面说，其观点指涉的是比原子化的、利益最大化的个体更为抽象的东西。这意味着某种公共利益的概念，尽管它被认为是一种理想而非一个可达成的状态。如果人们仅仅是为自己的利益奋斗——这实质上是道德的利己主义立场——他们就会失去参与的权利。我们不敢说已经“抓到”做这种事的人，但是，我们能看到这样做的机会就来自于少数人对话的话语的独白特征。

自我夸大。极镇事件是一个缺少参与以扩大市民意见的基础的例子。那些明显和情境紧密相连，因此，显然有正当理由的人在极镇不属于拥有私有财产的行列。当追求特定政策目标的参与者不愿意让他们的项目被所有关心的人公开讨论时，人们就会对意向性产生怀疑。谁是新的通用汽车厂的受益者？当没有机会倾听诉求或者获得关于游戏玩法和赌注的知识时，这个问题是飘忽不定的，也是无法回答的。与此相伴随的是，也没有什么机会投入到导向诉求的话语补救（或取消）的对抗性的斗争中去（和所提议的行动的切合情境的意向性相比）。也就是说，通过挑战/补救程序，能够表明一项建议怎样符合公众利益，或者不符合公众利益。自我夸大的问题和隐蔽的议程问题是相互联系的。

隐蔽的议程。尽管隐蔽的议程不依赖于匿名，但它在匿名条件下增加的可能性会大一些。市民的参与可能被用来作为说服的一种策略。在上述案例中，至少有两个能够清楚地说明这一点。就像雇员的假参与一样——其目的是为了共同决定和操纵——少数人对话的公民参与可能是具有同样功能的策略。不论是要求增加运垃圾的卡车数量、扩建公众图书馆，或者是别的任何建议，都有助于加强被愚蠢地取消的公民参与的支持力量。

现存重复性实践的合法化。市民专门小组的意见是为了给运输董事会（Trans- 137
portation Board）提建议，这也不一定会增加市民的呼声，但是它有附带的影响，即增强董事会作为运输问题的权威仲裁者的合法性。运输决定权并不属于市民参与者，他们表达的想法和判断并不意味着采取任何行动。有人也许猜到了其中的矛盾，即普通市民与掌权者之间的疏远更严重了。不论哪种方式，挽救社区的权力功能会导致完全不同的意向性，而公共问题并不会切合情境地解决。

c. 自主参与

话语的参与者可能会受他们工作的领域系统的束缚。强制是自愿的反面，在这种情形中，根据自主参与的标准，话语将是可疑的。认为底特律的市长对通用汽车公司有某种义务，持这种观点的人不只是我们。难道能够期望这样的市长接受非强制的话语吗？权力——没有更好的论证——在作为主导系统被组织的重复性的实践中有可能普遍存在；因此，话语（在这个案例中没有发生）被认为是对这些基础的怀疑。

除了强权的可能性（在调查研究中不太可能是问题），有一个更大的问题即冷漠应给予重视。为了提供周密的判断，需要花费时间和精力来理解这一问题，而这在调查方法中经常不被重视（Yankelovich，1991）。在调查研究中，考虑不严谨的即席意见——甚至信笔涂鸦——和严肃的判断受到同样认真的对待。还有这样的情况：长期的冷漠可能会导致自愿把自己排除在讨论之外。完成调查问卷表至少需要一定程度的关注和自愿。但可能缺乏关心的回答者的观点倒被随机挑选的办法所强调。奇怪的是对那些一点也不关心的人和那些非常关心的人都给予了同样的被选择咨询的机会。随机选择创造了这样一个环境：扩大了那些不关心问题的人在调查问卷中被选择成为提供“意见”的人的可能性。在没有别的选择标准的情况下，参与的机会可能对那些不关注的人要大一些，依据我们的标准，自愿参与应该优先考
138 虑，不要被那些冷漠的、缺乏兴趣的人所冲淡。我们认为，跟踪争论、长期关注会增加做出实质性贡献的可能性。

d. 实质性的贡献

在技术统治的公民参与中，那些做出实质性贡献的人是那些构架问题的人——调查问卷的设计者和解释结果的政策分析者。偏见、对问题的阐述和意义的捕捉就发生于他们设计问题和阐释结果的活动中。当然，这就是为什么存在民主党民意调查者和共和党民意调查者的原因，没有任何调查是中性或者是客观的。正是这些人在阐述不同意见，结构和构建争论。公民意见调查可能和公共行政中的中立能力发挥着同样的作用。精英控制着方向、实质性的目标、项目的结果，而公民/公务员提供合法化/专门技术。这里的趋势就是要重建现存的结构化，当精英参与者保持匿名因此很难挑战时，这一趋势就会加强。

我们已经根据前面建立的真实性标准检验了少数人的对话。我们发现，尽管不应完全受责备，但它是不合标准的。我们估计声称上面的技术共享的那一理想会扭曲民主的含义。我们接下来要转向多数人的对话的话语，它是表现主义的无政府状态的最好例证。

6.1.2 表现主义的无政府状态

少数人的对话的对立面是多数人的对话，当独白话语控制着官僚政体、媒体、一般的公众对话时，用来组织和激励非精英的结构是虚弱的和无效的。普通公民的话语努力就像森林中的一声喊叫，或者就像给当地日报编辑的一封信。计算机网络为解释多数人对话的话语提供了一个合适的比喻。

A 多数人的对话的比喻

a. 计算机网络

成百上千的布告板和服务器在所谓的信息高速公路上，专门从事每一件事情，

从懒散的闲聊、脏话，到严肃的科学和哲学思考。互联网包括一个相对严肃的系列，大多数公告牌不是用来和政治精英联系的，而是为了和处于同等地位的人保持联系用的。那些在色情消息、数学、中东政治，或者讲授社会学入门知识中寻求最 139
新东西的人总是固执地想发现对方。这些虚拟的社区不受地域限制，更多的是依据亚文化、爱好、相互的魅力等走到一起。因此，多数人的对话意味着话语的初始形式。如果继续维持的话，它会发展成无中心的、专业化的、分小组的，还可能是不可通约的话语。寻找同类总想发展对方。所有的人聚合在一起，数不胜数的专业化群体以及同等专业化的语言游戏都有可能出现。

B　闲聊

如果说少数人的对话过于结构化，那多数人的对话就完全缺乏形式。就像计算机的程序设计者使用电子布告板一样，多数人对话的模式基本上是随机的用词和不确定的闲谈，并没有特定的情境来引导话语。没有意向性的对象，没有“下一步该做什么”这样的问题，用于进行政策思考和有效行动，没有情境为对话提供语境。参与到闲聊之中，尽管不具有强制性，却破坏了形成集体意愿的前景，阻止了一致的公众意见的形成。多数人的对话没有能汇集形成意愿的谋划。多数人对话的目的被手段吞噬了，对话本身就是目的。

自相矛盾的是，“物以类聚”的亚群体的形成可能就是社区的开始，从无政府状态出发，网络公告牌有时能够铸造出一种“虚拟社区”来为价值和公众舆论的循环提供便利。重要的是，公告牌的参与者对于信息不一定是消极地接受，而可能是积极地解释和评论。并不是所有的人都有兴趣与他人谈论每一件事情或什么也不说，亚群体就是这样形成的，而对话也因此能够进行下去。一些人的对话的先兆出现了。但是在对一些人的对话进行详细阐述前，我们要先对多数人的对话作一简短的批判。

C　多数人的对话的正当性的消失

a. 真诚

传统、惯例、仪式对维持建立社会互动的信任感是必不可少的（Giddens，
1984）。在不规范的多数人的对话中，凭什么相信任何人呢？和少数人的对话的 140
匿名诉求者一样，当诉求是由多数人的对话的无名者提供时，是没有机会进行话语补偿的，第二诉求者也没有机会提问，这是什么意思呢？在多数人的对话中，没有共识的标准。否则就会出现重复性的实践，就会出现结构化和组织化。

b. 切合情境的意向性

在每个人都参与或没有人参与的多数人的对话中，很难评估出每个人的意图。很难注意那无区别的人群，尽管我也是无区别人群中的一员。在这个由人群组成的社会中，没有中介性的结构，大多数人是从那些控制副现象“现实”的极少数人那里获取线索。在多数人的对话中，意愿的形成与其说是虚假的，不如说根本就缺乏。何处有关于政策问题的集中讨论？何处有关于下一步该做什么的讨论？当多数人的对话凝结，变得更像一些人的对话时，那是因为已经对语境作出了规定，那些

感兴趣的人有一些东西要说。

c. 自主参与

在多数人的对话中，对话语的关心是随意的、自愿的——这样，这一特殊的正当性就被实现了。但是不可能有能量场吸引除偶然的参与者以外的任何人来投入到适用于少数人的论坛，这一缺乏可归因于重复性实践的死亡，因而实质性的、切合情境的贡献不会产生。

d. 实质性的贡献

多数人的对话对真实的话语不可能有实质性的贡献。规范、习惯和重复性的实践的不在场使得多数人的对话不可能产生实质性的贡献。尽管我们倾向于认为通过把信息写在布告牌上或者把信寄给编辑的方式表达一个人的思想是可取的话语形式，比方说，有线电视的频道冲浪，但这些信息和信件无法创造出足够的、能有所贡献的动量。用其他的标准来说，一个人可以想象一个大众的理想社会，在这个社会里，所有社会成员在阶级意识的狂喜中自由地享受着温暖，但这一状况需要一个普遍性，而在后现代状况下这是不可能的。尽管实质性的贡献在多数人的对话中是
141 可能的，但这种对话是一种异化的交流，是对话的幻象，因为没有机会获得更为真实的东西。

不过连贯性是可能的，在接下来的部分，我们将研究一些案例，它们将表明导致连贯的政策讨论的条件和语境。

6.1.3 话语的启动

多数人的对话这一概念——用一种理想的、典型的方式说——能够抓住我们称做表现主义的无政府状态的连续性的一端和紧密控制的、非参与性的独白的另一端。实际上，这种无政府的对话是不能持续的，因特网用户人群按主题和兴趣细分为各类。对话是针对某事进行的。“信息高速公路”上的目录服务和布告牌可以看做是正在进行的热烈的对话开始出现在政策方面的隐喻。在这一点上，对话开始凝结，可能继续下去，甚至可能发展成为严肃的政策商议，我们称这为一些人的亚群体化的对话。

A 体现一些人的对话的几个例子

a. 生物伦理的医疗决策

俄勒冈州为让生物伦理学的问题引起市民关注所做的努力是由一些感兴趣的专家发起的。海因斯（Hines，1986）提供了一份有关一个计划的报告，包括看录音带，发放小册子，提供发言人的办公地点，组织小群体和镇公所公议，以影响官方通过决议，由此进一步阐明医疗伦理学的问题。海因斯声称发起生物伦理的“医疗决策”计划的努力没有先设的政策立场。“在生物伦理问题上的立场应尽可能纯粹地建立在‘人民意愿’的基础之上，并通过基础广泛的基层市民参与的程序而得以揭示”（Hines，1986，p. 7）。

b. 废品回收

福尔茨和黑兹立特（Folz and Hazlett，1991）研究了另一个由专家发起的尝

试。在他们的例子中，地方官员和教育家网络、环境主义者、市民小组一起就废品回收问题和城市居民建立联系，一些人的对话中的一些人有公共行政人员、教育家、环境主义者和市民小组；他们陈述了环境管理工作的价值，他们也能够重整足 142
够的热情和社区关注来激励和实施回收项目。

c. 凤凰未来论坛

凤凰未来论坛（Phoenix Futures Forum）是由那些致力于阐明城市“前景”的政治家和专业人员发起的（Hall and Weschler，1991）。此论坛登记的人数超过 700 人，组织的事件包括突发事件论坛、“我们现在在何处”论坛和专题讨论会（环境、技术、运输、金融）。很难准确识别凤凰未来论坛是什么，但它似乎与公民参与到社会前景的设计的问题有关。看起来它也便利了社区组织的网络化，为政策制定者提供了丰富的反馈。此项目有它自己的委员会和分委员会结构，力图把关键时期提出的政策建议推进到实施阶段。一些参与者——大约有 100 人——继续争论在不同的委员会和行动小组中下一步应该做什么。

d. 与俄勒冈州的对话

西蒙森等人（Simonsen et al.，1993）报道了市民为陈述州预算危机而参与的一项高技术计划：“州长和俄勒冈州的对话”。从 1 万名坚持不懈的投票者中随机挑选了 900 人来参加两小时的练习，用一个互动的计算机会议把小群体的会议和州长联结在一起，她将问：“政府怎样才能较好地花费你的税收?”这个问题在不同的会场讨论，会场内同时也发放教育资料，接着，参加者对一个服务列表划分等级从而使他们能够回答接下来的问题：是否提供少量的服务，增加政府效率，或者重建税收体制来提供更多的钱？接下来继续对话，对话的提要递交给州长，参与者完成调查表以后，练习结束。据作者说，“对话成功地提出了俄勒冈州人关心的问题”(p. 18)。

e. 穷人的医疗保健

斯蒂弗斯（Stivers，1990b）针对在贫困的都市郊区和农村地区提供家庭医生
类型的医疗保护的联邦项目进行了评论。从一个社区中遴选出来的董事会成员认为 143
这一项目是为了帮助那些得不到医疗服务的群体。董事会成员运用的网络方法包括面对面的互动和挨个敲门（提供油炸圈饼和一罐速溶咖啡）以寻找那些有兴趣谈论医疗保健的人。

> 社区委员会受到联邦官员的攻击，因为他们的中心管理得不好。然而，董事会成员和行政人员间的两次会议——远没有反映出联邦权威把“走入歧途的”中心扭转到正轨上来的单方面练习——表明，所论事件的意义是双方协商认定的……社区人民和联邦官员弄清楚该怎样解释公共利益。（Stivers，1990b，p. 98）

有异议的是，在一个类似于真正话语的过程中，联邦官员提出问题（见下面的斜体字），董事会成员做出回答（见括号里面的文字）：

每年只访问每个病人 2.5 次。（即使我们一年访问 3 次，这又有什么不同呢?）

在预算内生活。（一半时间扭转亏损和不在预算之内生活是一回事吗?）

董事会没有实施适当的控制。（“适当的控制”是什么意思?）

f. 在危险中成长的儿童

奥特（Ott）（个人交流，1989 年 11 月）谈到了一个有关处于成长的烦恼（如弱智、脊椎弯曲、自闭症、脑瘫等）中的儿童的计划。较早的干预减轻了这些烦恼，使得这些小孩在以后的生活中在较高层发挥作用。针对这些苦恼的儿童（和他们的家庭）设立的项目强调早期干预，尤其是对那些高危险类的新生婴儿，以确保这些婴儿和初学走路的小孩能得到服务。然而，“在危险中”与成长中的残疾有所不同。奥特说，问题是，一些过去认为是危险的东西是基因遗传的，而另外一些则是社会/家庭造成的。“因此，除了政府干预家庭——这些家庭的婴儿现在还没有成长的疾病——的明显问题以外，还有‘财政上无法控制’的因素，”奥特说。换句话说，不愿意为那些仅仅可能发展为残疾的任何人提供资助（虽然有人认为有可能性）。由于财政问题，偏向就转向仅为那些证明已经有成长残疾的人服务。

144 然而，根据奥特的观点，每一个卷入这一问题的专业人员都同意：尽早地介入危险中的儿童及其家庭将具有根本的效果，尽管这不符合（当时）新联邦基金的指导方针。新指导方针的根据是预算紧缩，并且当联邦基金被撤回时，本就稀缺的州基金常常同样（可能是紧跟着）被抽回。某州的智障部的专业人员对他们不能为此做点什么感到极为沮丧。然而，在一次包括主要支持团体（弱智市民协会、残疾人法律中心、低能综合征儿童父母协会、州成长残疾议会）参加的会上，有人“抛出”了“勇往直前”，为高危儿童服务的口号，尽管这也不在指导方针的范围内。一位谨慎的、反对冒险的指导员被他的同事说服，从本州的其他服务机构咨询他的同行（偶然地，服务项目的局和各级指导员已经成为了一个重要的职业网络），他们中的大多数人支持在没有授权的情况下为危险中的儿童服务的观点。进而，这位指导员发现，他自己的同事已经授权为“几个”高危儿童服务，而没有通知他。尽管他们不是完全坦诚的，但他们并未说谎，他们认为需求太明显，利益太高，花费太少。

这位分部指导员遇见部门首席执行官，一起讨论一个给高危儿童提供服务的“假设的案例”。首席执行官对新指导方针表现出沮丧态度，希望事情不要脱离控制，宁愿他不知道不合格的委托人是否或何时接受过服务。分部指导员然后在他的局主页网络上通知他的同行以及声援群体的领导人说，分部“可能”开始同意资助为“少数真正高危的小孩”的服务。太多的服务被正式禁止，正如太多的人声称这种服务是一种权利一样。如果有人“吹口哨”，政策就会被完成，撒谎——如果上司问的话——是不可能的。

B　一些人的对话的可能性和问题

在上面复述的一些人的对话的例子中，存在许多复杂的问题。就俄勒冈州关于生物伦理问题的医疗决策项目而言，通过接受海因斯（Hines，1986）的看似奇异的声明：根本不存在“先设的政策立场”，我们可以认为这一政策努力是有重要意义的行为，就是说，它具有真实话语的要素。清楚阐述晦涩的伦理学问题——比如 145
何时、是否要“废除”时常只会延长苦难而不能提高生活质量的昂贵技术——是通过切合情境影响公共对话的医疗保健专家的一个实质性的贡献。这一程序也有助于为俄勒冈州前卫的医疗政策提议形成集体意愿。

尽管废品回收项目看起来整合了社区，但这个项目也存在常见的主题。信息是：如果你真的想要控制他们的行为，就要让他们参与到程序之中，那些期望通过垃圾分类来“共同生产”废品回收的邻居出于工具的原因进入到程序中来，他们并不决定对于掩埋式垃圾处理的问题该怎么做。此外，回收项目是一个片断的政策回应，它避免挑战制度化的实践。在浪费性的商品包装实践和消费者的过度行为被纳入讨论范围之前，此项目就开始了，而讨论也就结束了。它不是一个完整的政策话语形式，它受到了限制，因为它持续的时间不够长，不能开创一个有关废品处理/废品创造问题的真实话语。

州长和俄勒冈州的对话也不是一个完整的程序，已经被发动的公众对话全都是废话，因为州长和立法机关开始对一个有计划的预算的公民复决投票时间进行争论。西蒙森等（Simonsen et al.，1993）对出现的问题提出了自己的解释，但是，在我们看来，州长的政策失败的问题结构特征在于把提议提交到了公民投票的和本质上独白的竞技场（例如公众复决投票）。官僚巨头的独白已经抓住了那里的意义，而真实话语的正当性和那些迫切希望煽动反对政府的人是不相关的。然而，州长的对话代表了公共话语新生的革新形式。

在邻里医疗诊所的例子中，尽管交易基本上在两方（机关和董事会）间进行——其中机关占主导地位——但思考一下就能发现为意义和解释所展开的对抗性的斗争。油炸圈饼和速溶咖啡所象征的达到顶点的努力表明，面对面的、以人为尺度的互动激励了权力领域，并延伸到任何所谓的组织边界。

想要为成长中的高危儿童提供服务的家政服务专业人员范围太窄，大部分都来自家政服务的专门人员行列，他们为公共选择模式抱怨官僚的夸张开辟了一条新 146
路。然而，一些人的对话经常被限定在那些自主参与的人之中。因此，当政策涉及花一般纳税人的钱时，政治紧张状态就可以预测到。

上面的例子都不太理想，把它们放在一起来看，就可以发现，一些人的对话为民主话语提供了极强的可能性。一些人的对话中的参与不是一时的讨论，而是持续了一段时间。一个持续的、两方面的对话可以解释为什么一些人的对话对于真实的话语的意义比少数人的对话或多数人的对话有更大的价值。

C　挽救一些人的对话的正当性

a. 真诚

在一个持续的对话中，参与者因为其诉求的特性而在讨论者中间树立威望。在重复互动的情况下，匿名没有对那些不坦诚的人提供保护，废品回收的讨论在所讨论的例子中是持续时间最短的对话。

b. 切合情境的意向性

在上述的案例中，公开的问题在我看来并不在案例本身之中。无论问题是比较好的凤凰未来论坛、生物伦理学，还是对成长中的高危儿童的关注，"我们下一步该做什么"这一问题都是在抽象层面上被构架的，它超越了理性的自我利益，但却是针对具体问题的。与在奥本的反复调查不同，这些讨论由一个事例或一系列事件所激起，而非由年复一年的、一个纯粹任意的和仪式化的公共话语安排所激发。有许多具体问题要讨论。在少数人的对话中，我们发现了定义明确的具体问题，但是它们定义得太明确，以至于公民意见只是对预先确定的理解种类的一种反应。由于在一些人的对话中对讨论的参与具有包容性（甚至是在成长中的高危儿童的案例，一个咨询小组也参与其中），因而存在一种公众的关注来监督程序。

在成长中的高危儿童的案例中，情境十分复杂。家政服务和医疗保健的专业人员试图决定在政策的实施阶段应该怎样做，而各种规则又使得问题很难公开讨论。
147 毕竟，有防止违反规则的规则。然而，他们熟悉情境正是他们首要的理由。福利特（Follett，1926/1978）的明智建议——"团结所有关心情境研究的人，找出情境的规律并遵从它"（p. 33）——在这个例子中受到了关注。赫克罗（Heclo）在表达上有一点不同，但也强调保持消息灵通和理解语境的重要性：

> 获得一种或另一种问题网络的代价是观察、阅读、对话和尽力对特定的政策问题起作用。有强烈兴趣的小组在网络中可以找到，但也因此，凭学识享有盛名的个人能够进入或脱离政府。特殊的职业也许有优势，但网络里真正的专家是那些对问题熟悉的人（对特定政策争论的细节都很知晓），不管其正式的职业是什么。不仅仅是技术专家，网络人员都是政策活动家，他们通过问题来互相认识。（Heclo，1978，pp. 102-103）

对成长中的高危儿童的案例的另外两个解释值得进一步思考。一种解释是，从一个理性的、自利的参照框架来看，官僚主义者一再扩大领地，提高了服务水平——甚至超出了公众的需要——成天为满足需要忙忙碌碌。这实际上是公共抉择的解释，它假定官僚主义者，包括那些在服务行业工作的人，受到激励想影响理性的自利的基础。而实际上，自我夸大意味着参与者的意向性不是指向情境或身边的语境。

第二种解释是沿着福利特的"情境法则"的思路。这种解释有助于矫正这样一种顽固的猜疑：官僚们本质上是为己的（只知道为自己）。她写道：

> 人们要生活，要一天天地实施他们的行为，民主制的支持者需要的是，应该在完全意义上充分地认识这一点。民主制无论如何都是对二元论的否定，它断言，人民不仅能行动，也能思考，这两者是不可分离的。（Follett，1924/1951，p. 203）

因此，福利特鼓励延搁行动，认为集体意愿就产生于关系的语境。她反对这一观点，即集体意愿是个人意愿或者经济偏好的集合。“当我们开始观察到人们的意愿的结合总是参照某一情境而发生的时候，当我们发现我们总是在研究，但研究的 148
不是人的‘心灵’，而是他们参照某一情境的行动的时候”（Follett，1924/1951，p. 207），对那种原子主义的概念化的反对就开始了。因此，如果我们参照心理健康医生发现自己的情境，就会觉得他们的行为至少是有效果的，甚至可能是勇敢的。

c. 自主参与

与少数人的对话或多数人的对话中的参与不同，在一些人的对话中，参与通常和与工作有关的责任联系在一起。正如上面所描述的，积极介入到情境中去也意味着自主参与。凤凰未来论坛在 1988 年的开幕会上有 700 个登记者，但是两年后，只剩下 100 个“行动委员会”成员[1]（Hall and Weschler，1991）。600 个人退出对话的事实本身并没有削弱话语的活力或坚持下来的 100 人的士气，但是这表明自主参与是很难持久的。

d. 实质性的贡献

上述案例中最重要的贡献之一是它有利于公众清楚地阐述问题。对于生物伦理学、凤凰论坛和州长对话的案例而言，这的确是事实。在成长中的高危儿童的案例中，有一个对话是为了解决下一步我们该做什么这一问题的。尽管这个对话与其他对话相比，公开性程度要差一些，但同类群体不会遭受愚弄和任随调遣，为避免出现这种情况，他们暗地里加强了实质性贡献的正当性。

总之，一些人的对话优于少数人的对话和多数人的对话，它的针对特定语境的话语和不愿遭受愚弄与任随差遣在某种程度上限制了参与。但是，切合情境的意向性和真诚性的提高大大地超过了它的缺点。我们一直使用的范畴包括少数人的对话（独白性的操纵）、多数人的对话（导致表达主义的无政府状态）和一些人的对话。在这些对话中，一些人的对话开启了我们所说的话语种类，尽管参与事实上会受到限制（理论上不该如此）。

我们怀疑那些根据理性的自利（利用原子化的个人——如那些填写调查问卷的人——作为分析单位）或者是否需要一个更切合情境的正当性——在那里，自我对于面对情境的我们具有第一性——来进行的政治讨论。那在集体竞技场上从事政策议程的人必须愿意用一种切合情境的意向性取代这种切合情境的意向性。 149

我们没有以排除所有有力的解释的方法来“证明”我们的话语理论的真实性，但我们希望已经证明了我们的方法的合理性。真实话语的发生甚至可能出现在那些非自觉地努力提高民主制功能的人当中。一些人的对话的话语在许多方面类似于政策文献中描述的政策网络。通过网络，我们涉及不断重复并具有动量的社会联系，但是它没有通过组织的作用制度化的社会关系那么正式，也少一些限制。网络关系是非常有规律的，理解、信任建立、价值共享在这里都可能发生。政策网络是一套关系，在那些关系中，参与者把他们的行为指向一些集体的项目或者有目的的行动。

6.2 政策网络中的一些人的对话

政策网络提供了一种处理纷争并进行一些人的对话的方法。拥有不同知识、利益和经历的人利益和发言权的公共能量场把注意力集中在一个有限的政策可能性中。这种可能性在权力、利益和发言权的公共能量场中都充满意向性。听、说和相互劝服的过程有可能改变观点，调整期望，或者创造新的行为能力。许多想象性地介入的公民缺少真实话语的重要方面，想介入管理的公民通常是缺乏的。在这一节，我们将揭示这些政策网络不容乐观的前景，以警告那些根据真实话语来定义的追求民主的人。

然而，我们不认为，话语民主制的可能性不可能是它的例子。公众感兴趣的话语网络——超越了层级的制度——为公共行政提供了一个可行的模式。有些政策网络、跨机构的联合体以及社区特别小组展示了话语的潜力。在这些新生的形式中，发现有智囊专家、立法人员、政策分析者、公共行政者、感兴趣的公民、程序通才，甚至选出的官员，一起参与进来计算出下一步该做什么的可能性。有时候，有意义的、切合情境的话语就在这里出现。

150 政策网络概念抓住了被其他方法忽视的美国政府的各个方面。鲍威尔（Powell，1990）坚信，网络形式是社会结构的第三种类型，既不同于市场形式，也不同于等级形式——这一类型学是由威廉森（Williamson，1975）首先提出的。格拉诺弗特（Granovetter，1985）指出，社会关系网络创造了市场和等级形式都缺乏的信任，他进而认为，社会网络为垂直联合减少了压力（就是说，互动的、关系紧张的网络有可能代替层级制度的结构而不降低合作能力），对于非层级的公共行政而言，一个具有有趣的可能性的假设应该是被证明有用的网络模式和话语理论。

在政策网络中研究话语的公共行政论者的优势就在于：重要的机制，特别是跨越组织边界的政策行为，可以接受调查，而不是被过分热情的官僚主义者责难为主权的盗窃者。这里的危险是"铁三角"框架使得所有的网络都以从立法主权那里没收民主制的小政府的面貌出现。这就是当通过"传统"的透镜来观察政策网络时出现在雷达屏幕上的东西。我们想要考察使用话语理论的透镜的政策网络，但这并不能使问题消失。甚至最纯粹的话语也有胜者和败者。调查必然显现出资源、权力和影响的不平等分配，也会显现出因其中之一可能占据主导而引发的联盟的变动，以及非主导的角色为了一个不同的分配而进行的斗争（Keller，1984；Wamsley，1985）。对权力和不平等的这种冷静思考表明：需要把真实话语所暗示的网络和非真实话语的网络区分开来。

6.2.1 非话语的政策网络

现存的政策网络有各种不同的形式，有些具备作为真实话语的论坛的潜在性，有些则不具备。许多考虑此问题的人所担忧的一种政策网络就是被一个或几个有力的、对稳定性和程序规定感兴趣的制度行为者控制的网络形式，用考夫曼（Kaufmann，1991b）的术语说，就是合作主义。另一种值得研究的网络形式是——在许多方面说——质朴的地方社区，它的成员精诚团结，休戚与共，其缺点是它的地方主义。黑暗、反民主也是社群主义的社区概念易受攻击的方面，其中的问题包括寡头政治、物化、对作为公民的实体的关注，以及大惊小怪的人扰民的问题。这些问 151
题将在下一部分涉及。我们从合作主义的问题开始。

A　合作主义

合作主义的政策网络的特征就是通过协议、谈判性的相互理解历史地形成的相互依赖。人们很难在合作主义的政策网络、铁三角以及罗维（Lowi，1969）哀悼的那种亚政府之间作出有意义的区分。罗维担心的是管理逐渐只对群体和专家负责，而不是对普通大众负责。一个政策网络是否呈现出这样的特征，是一个经验性问题，但是，甚至在这里，人们用来洞察的镜头还是集中在数据上。从传统的环式模式的角度，人们发现不合法的党徒正侵犯着公共的领域。其他的角度，诸如米勒（Miller，1994）在环境政策网络中运用的那种角度，表明存在着一种亚政府和政策网络所偏离的连续性，它从关心公共领域变换到关心狭隘利益的领域。合作主义的网络就处于这种关心狭隘利益领域的一极。

合作主义网络中的参与者——企业实体和机构的典型代表——以高昂的代价退回到他们的本地组织中，因为网络中遍布着先例、程序规则和以前的运作安排，对于它们，形形色色的参与者都已经适应了。和被管理的工业企业或长期供应商/契约方一起共事的公共行政人员可能要和企业代表在这种讨价还价的网络中进行互动。不管是围绕价格或汇率的特殊问题（例如在垄断产业中），或是保护公众不受损害（例如在制造业或食品加工业），抑或是稀缺的公共物品的分配（就像收音机波段），还是在长期的采购中（例如国防工业），公共行政人员都会努力建立一种融洽的和持久的关系，这种关系不是建立在价值共通感的基础上，而是建立在程序合约的基础上。根据考夫曼（Kaufmann，1991b，p. 228）的说法，侵犯程序的人——也许是某个暴发的公司或力图挑战这种程序合约的公民行动小组——会被无情地处理。无论如何，程序和以程序为中心的合作主义网络必定不喜欢平静的环境，有时候，各个不同的利益群体，只要有合适的机会窗口（Kingdon，1984），就能打破平静。

152 史密斯（Smith，1991）在报告英国政策制定程序的变革时指出：在一段时期
内，食品政策就在这样的合作主义社区中协商形成。一份关于沙门氏菌污染的高度公开化的报告冲破了这种合作主义网络封闭的界限。现在，不仅是农贸企业，而且环境主义者、消费者群体、营养学家、消费事务部部长、零售商、食品生产商以及大学的科学家们都对政策话语产生了兴趣，并参与其中。这一特例——合作主义网络的开放——正适合我们的观点。合作主义网络具有恶名昭著的排他性，因为它更倾向于固化的互动模式（Kaufmann，1991b）。并且这种排他性减少了竞争性的诉求可以发表的机会。不能由此要求封闭网络的参与者以话语的形式修正受到挑战的

诉求，即使话语的正当性得到了广泛的传播。但是程序的表面现象下面，隐藏着的是更为实在的问题，在那里，关键的东西（通常是利润）是利益驱动，而且公开的话语是要冒风险的。合作主义话语的真实性在某种程度上说——即自私的利益中充满着切合情境的意向性——是可疑的。

合作主义网络因此具有少数人的对话所显示出的话语缺点，但是合作主义并不是呈现问题的唯一网络形式。

B 地方的社区

精诚团结是考夫曼（Kaufmann，1991a）用来特指传统社会中公众行为典型的协作形式的术语。在更普遍的意义上，格雷茨切曼（Gretschmann，1991）将精诚团结理论化为一种非自私的、合作型的行为，尤其与市场经济中的行为形成对比。作为一种社会行为倾向，它代表为了他人利益而顺从和牺牲。在这种网络形式中，参与者有着共同的价值，共同的情境观，对某一事件的意义有着一致的看法；通过社会赞同和闲谈，获得清晰的规则，因此，群体的得体意识是通过交谈非正式地揭示出来的（Kaufmann，1991b）。

尽管这种网络类型是切合情境的，但它也可能采取另类文化圈或亚群体的形式，而这种形式要么敌视更广阔的社会和新的进入者，要么和它们隔绝开来。

> 事实上，正是网络的非正式性产生了对它们如何运作和影响如何的某种不确定性和忧虑。在这种情况下，协作性可能是以一种不太开放的方式确定的，
> 153 而且没有任何明显的责任感。许多网络十分排斥外来者。在某种意义上说，黑手党是一个完美的网络结构，它依赖于非正式性、宗族以及血缘的忠诚。它非常不开放，有自己秘密的、在很多方面明显不可靠的奖惩系统。（Frances，Levacic，Mitchell，and Thompson，1991，p. 14）

我们不需要唤起对黑手党夸张的想象，或是找出腐败的线索来说明建立在团结基础上的网络可以用地方主义的尺度来定义。另一个意象是浪漫化的爱尔兰社区，它完全以超法律的强制规则网络和可靠的、支持性的联盟来运作。对团结一致的网络的批判与第 3 章对新部落主义的批判是一致的。强健的亚文化与“弱势的”大文化辩证地关联着，这种大文化无法整合说英语的岛屿上的阶级和派系。但是超越了新部落主义的一致性网络和想找到一种方式涵盖所有相关声音的一些人的对话的话语一样，也能提供一个有希望的意象，尽管因狭隘的区域亚文化而有可能出现意见分歧。

网络的第三种威胁来自社会压力和规则创新的互动——这一互动对于网络而言仍是地方性的。

C 社区综论

这第三类问题被社群主义者掩盖了，他们——对于他们的信誉，我们深信不疑——有着尤其强烈的公共事务意识，但对于公共事务应在何处停止缺乏一个明确的界限。换句话说，我们宁愿对那些超出了主导的社会与道德规范的人保持一种自

由主义的容忍度。但是，贝拉、马德森、沙利文、斯威德勒和蒂普顿（Bellah，Madsen，Sullivan，Swidler，and Tipton，1991）证明说：一个民主社会应在其他事物中间保存一个“公共的圣殿”。他们并不是想提供一个国家宗教或政府圣殿，但他们认为，“在两种意义上说”——《健全社会》的作者们写道——“信仰不可能是私人的”。

> 首先，基督教徒和犹太教徒都承认一个上帝创造了天和地，创造了一切可见和不可见的东西，他的控制权显然不仅超越了私人的世界而且超越了民族本身。在私人和公共领域，没有什么东西不涉及这种宗教传统。
>
> 第二……“公共”意味着公民对公共事务的关心，对决议形成的共同介入，并选择代表为他们建立政府，而这些代表的权力又被宪法所限定。宗教团体是这种意义上的公共事务的重要部分……因为它们进入了对公共利益的共同讨论。（Bellah et al.，1991，p. 179） 154

贝拉和他的同伴假定“宗教团体”可以在共同讨论中发言，这一假定提出了潜伏在社区表层下面的一系列问题。

a. 米歇尔斯（Michels）的寡头定律

当有组织的等级阶层（犹太教和基督教不过是其中的特例；美国商会或美国汽车工人联合会是在公共领域强烈要求自己的权力的其他私人组织）进入公共讨论仿佛它们就是公民时，少数人的对话的所有问题——尤其是独白性的操纵——就凸显出来。米歇尔斯（Michels，1915/1958）谨慎地争辩说：组织是群众的政治斗争所必需的，因为直接的讨论并不能解决问题。但是组织喜欢寡头统治，因此会表现出“贵族制倾向”。当规则和服从被提升到价值的高度时，民主控制就会遭受“激进的减缩”。群体/社区的利益开始高于个人自主权，个人自主权被社区领袖以团结一致的名义所削弱。

b. 制度的物化

在接受这样的观点：一个物化的抽象物，如宗教或其他任何人类结构（组织、合作体、家庭），能真正地交谈以前，我们必须首先将宗教团体人格化，仿佛它是一个可以与他人讨论问题的人。在第 4 章，我们引证吉登斯（Giddens，1984）关于结构化的著作帮助我们提出了这样的观点：制度（重复性的实践）就是物化的习惯、传统和社会互动形式，这些东西作为独立的力量呈现自身。但这意味着这些实体可以说话吗？字面上看，这个说法是荒谬的，因为只有人才有喉咙和必要的发声能力可以承担这个任务。进一步说，某个个体进入话语，“代表”精巧设置的社会结构说话，这种说法带来了言说行为的真实性方面的问题。受欢迎的、“代表”的言说行为代表的是公共利益，但一个制度的言说行为只会采取特殊而狭隘的立场，主要的是它不会切合情境。按照定义，它切合的是组织，就是说它的立场是特殊 155
的。职位的设置和充分规定根据的是组织的需要，而不是根据情境的需要。不应该实际上也不会允许制度像公民一样发表具有同样真实性的言论。[2]

c. 错把实体当公民

当公民帮助解决上面阐述的公共争端时，人们就像看待企业一样看待制度。在1837年最高法院“查尔斯河桥诉沃伦桥的所有者”的案例中，出于最高目的，组织（公司、市政）被置于和个体公民同等的合法地位。尽管丹尼尔·韦伯斯特（Daniel Webster）找不出案例为垄断公司辩护，说它并未像法庭所认为的那样侵犯了公共利益，但为了查尔斯河桥，他成功地争辩说：应当把公司当做“人”一样看待，根据美国宪法第4条，它也享有基本权利和豁免权，因为宪法第4条赋予了每个州的公民基本人权和豁免权。最高法院没有把企业和公民权利完全相提并论，但也差不多了。[3]无论为了解决经济争端，赋予企业像公民一样的权利有什么样的好处，这种做法都不能增进话语的真实性。说话者——如果是一个企业——并非具体的，因而是匿名的，不能采取比自我利益更抽象的观点。无论是谁在言说，企业的诉求都必然是“嘴的器官”，并因此被认为是一个有意愿的积极的参与者。

d. 外来的多嘴婆

我们现在来看看贝拉等人（Bellah et al.，1991）的论断：“在私人和公共领域，没有什么东西不涉及这种宗教传统。”现在，假如一个人既不是基督徒也不是犹太教徒，那么所谓基督徒和犹太教徒都会宣称公共领域（或者说“国家本身”）主要的是他们的领域这一观点并不必然地是可信的。事实上，由于没有什么处在本不属于自身的社区限制的界限之外，有人担心人们希望的以非基督教或非犹太教的方式生活的机会会消失。私人空间尤其容易受到社群主义的侵害。斯蒂弗斯（Stivers，1993）曾嘲笑想建立一个不受公共决议影响的问题禁区的企图。

> 曾经，在一次公共行政理论家会议上，我听见一位知名的、受人尊敬的人物说，他渴望一种“结构化的公共争论”，这种争论能使某些问题处于“界限
> *156* 之外”——这是一个异常坦率的、清醒的、策略性的声明，知识分子可借此……获得……一种确定的或元理论层面的同样想法，以使世界维持原样。但是坚持维护已建立的边界……既是合法化的策略，也是压制的策略。（p. 126）

斯蒂弗斯的观点——不要让问题成为议题是一种统治形式——该好好记住。对于某些个人问题——如男人统治女人——在能够讨论结构不公正地以文化形式形成这些关系之前就必须加以政治化。但是，再看看斯蒂弗斯书中的另一段话。她讲到奥斯卡·辛德勒的例子——他因为在第二次世界大战中冒着个人危险挽救了几百个犹太人的性命而以道德英雄闻名。斯蒂弗斯不承认辛德勒具有道德上的英雄气概——不像其他人，如《道德楷模》（引自Stivers，1993）一书的作者L. A. 布卢姆（Blum，1988）就承认这一点。为什么？因为辛德勒是一个放荡的人（字典上对于这个词的解释是：在宗教问题上思想自由或是不被传统的道德观念所束缚）。而且他有两个情妇，这典型地是他的放荡的实践。因此，在斯蒂弗斯看来，现在的

问题就是：辛德勒还是一个道德英雄吗？布卢姆（引自 Stivers，p. 93）思考了这个问题，留了一点余地，他得出结论说："在道德上，他不是一个尽善尽美的典范，但我认为，他仍然是一个道德英雄。"斯蒂弗斯（Stivers，1993）尤其强调了辛德勒的性伙伴的重要性：

> 布卢姆的评价似乎建立在这样的假设基础上：性的逾越——例如，破坏丈夫和妻子之间的信任——比起一个人愿意冒自己的生命危险去救别人在道德上就不那么重要。(p. 93)

但是，我们说，有谁不作这样的假设？有谁不认为把犹太人从屠杀中拯救出来是更为实质的问题？斯蒂弗斯在质疑辛德勒的英雄气概这事上表现出的理性，正好可以被提出来作为反对私人领域/公共领域二分法的一个论据。

> 我不愿忽视辛德勒的性行为部分地是因为这样一种观念：在公共和家庭领域之间划分界限，已经使把男人对女人的支配和虐待作为对他们的性格的评价这一点相对地边缘化了。(Stivers，1993，pp. 93-94)

斯蒂弗斯说对了。假如家庭问题没有得到重视，许多与妇女相关的问题就会被排除在议程之外。但是，越怕招惹罪恶，罪恶就越多。有一些领域公共行政人员不 157
应该涉足，或至少是轻微地、公正地、较少地和关切地涉足。我们还没有发现界限之外的问题始于何处，但并非所有的问题都是公共问题。撅着嘴的多嘴婆要求进一步减轻对社区的控制，这一诉求并非总能胜过古典自由主义的个体诉求。

这里相关的一点是：一个强制性的道德一致的社会和一个高度集权的社会其实是一回事。我们在表明了对合作主义网络的非民主特征的焦虑以后，也描述了一种类似于新部落的社区/网络。通过仔细阐述政策网络不民主和不真实的方面，我们已经更好地确认了更狭窄范围内真实与民主的可能性。我们力图避免的网络形式有助于形成我们所渴望的东西：真实的话语。

6.2.2　公共行政的前摄角色

一般地说，在寻找真实话语的时候，应避免上面描述的非话语的政策网络。但是，我们可以假定，非话语的潜在力量会自动地展现给实践的公共行政人员，至少是会像真实话语的机会一样频繁地自动表现出来。公共行政人员在对责任逐一进行分类的时候，其负担是很重的。确实，生活对公共行政者来说是太复杂了，他们从中立能力的保护伞下往外偷看，在那里，技术标准指导着行动。专业也许能为公共话语作出实质性的贡献，但这首先要以针对某一情境的公共对话为基础。因此，政治可以说就是介入管理的每个人每天的活动（Miller，1993）。根据讨论，通过对抗性话语的过程获得公共行为的政府观使公共行政模式发展到了今天的地步。在公共政策话语中到处可见的争论根本上不是关于发生了什么（解释）或者将要发生什么（预测），尽管这些问题很重要。争论所围绕的是下一步应该做什么。解决这一问题不完全是应用已知程序的事，尽管程序的指导方针经常是有帮助的。最终的问题是关于责任、意愿、价值以及说服能力的问题。因此，公共行政管理者的前摄角色（Harmon，1981）是从工作的要求中推导出来的。

A 倾听

158 倾听是话语理论暗含的一种前摄责任。不会倾听会造成不良后果。一个不会倾听的公共行政者会被认为是一个官僚分子，只忠诚于“行政”（Forester，1989；Stivers，1994）。那些不会倾听的人会错过他们本该更好地了解的信息。不会倾听意味着让日常生活的意识形态不受一点挑战（Forester，1989）。在意识形态上专注于抽象的争论会使我们忽略情境。更糟糕的是，不会听的人就失去了在平凡的行为世界中做一名成员的资格，在这个平凡的世界里，参与者要了解其他人的喜好和恐惧，了解公共的利益，了解新的争论和策略（Forester，1989）。倾听就是工作，而且它也表明了一种关切的态度，体现了真实话语的一种愿望。

倾听也可以减少自我欺骗（Barber，1984）。言辞并不能自动表示出它的意思，它会随情境的变化而变化，并反过来暗示出语境、历史或背景事件。善于倾听者能探索那些似是而非的东西，而不会倾听的人更多的是猜测。倾听所表现出的关切态度还具有助产士的作用（Belenky，1986）。

斯蒂弗斯（Stivers，1993）同意 D. F. 摩根和亨利·卡斯（Henry Kass）风趣地将公共行政者比做助产士：“助产士这一形象意味着这种人既有技巧又有爱心，尤其是能促进新的可能性出现”（p. 132）。因此，公共行政者的角色就是要通过让异质的亚群体讲公共利益的语言来推进话语。而且，公共行政人员自己就能作出实质性的甚至是政治方面的贡献，不过是出于一个并不怎么高尚的立场：“公民和我们其余的人同在”（Stivers，1993）。

假如公共对话不过是强者的角斗场，就必须有大家能普遍理解的话语规则以及参与互动型讨论会的社区，在那里，不同的观点可以相互碰撞。被武断地排除在话语之外的那些人（例如，因为没有钱）应该被包括进来，这一资格只有在出现不真实的言说行为的时候才能被取消。

注　释

159 [1] 人们不知道他们的参与究竟在多大程度上与在岗责任有关。根据我们所提供的假设，持续关注两年以上是与相关工作的责任联系在一起的。

[2] 这就是哈蒙和迈耶（Harmon and Mayer，1986）要蔑视系统理论，并且哈蒙（Harmon，1981）要选择面对面的交流作为组织理论的基本单位的原因。

[3] 公司的合法地位应受到保护。最高法院法官罗杰·塔尼在写给众议院的报告中说，“我们认为，依据各州间相互礼让的法律，某一主权主体创建的公司可以同另一公司签约，向法院控诉，同一相互礼让的法律通行于本合众国的几个主权主体之间”（转引自 Janosik，1987，p. 69）。因此，宪法第 3 条中的

公民一词可以解释有这样的意思：公司、市政和其他组织理应也是公民，公司作为一个整体通过执照被赋予了合法的地位（见《美国法律指南》，2 卷，p. 325 和 8 卷，p. 132，1983）。结果是，显然，各州可以合法地为了公共利益反对公司，杰克逊的民主党人获胜，但很少有人注意到，公司在其他州做生意和享受法律保护的权利被牢固地确立起来了。后一点对我们的思考更为重要，因为法律体系现在公开承认公司实体具有与公民一样的最高意图和目的。

参考文献

Adams, G. B., Bowerman, P. V., Dolbeare, K. M., & Stivers, C. (1990). Joining purpose to practice: A democratic identity for the public service. In H. D. Kass & B. Catron(Eds.), *Images and identities in public administration* (pp. 219-240). Newbury Park, CA: Sage.

Appleby, P. H. (1949). *Policy and administration*. University, AL: University of Alabama Press.

Arendt, H. (1963). *On Revolution*. New York: Penguin.

Avineri, S. (1968). *The social and political thought of Karl Marx*. New York: Cambridge University Press.

Bachrach, P. (1967). *The theory of democratic elitism*. Boston: Little, Brown.

Ban, C., & Ingraham, P. (1984). Introduction. In P. Ingraham & C. Ban (Eds.), *Civil service reform: Legislating bureaucratic change* (pp. 1-10). Albany: State University of New York Press.

Barber, B. (1984). *Strong democracy: Participatory politics for a new age*. Berkeley: University of California Press.

Barnard, C. I. (1966). *The functions of the executive*. Cambridge, MA: Harvard University Press. (Original work published 1938)

Baudrillard, J. (1981). *For a critique of the political economy of the sign* (C. Levin, Trans.). St. Louis: Telos Press.

Baudrillard, J. (1983). *Simulations*. New York: Semiotext(e).

Beiner, R. (1983). *Political judgment*. Chicago: University of Chicago Press.

Belenky, M. F. (1986). *Women's ways of knowing: The development of self, voice, and mind*. New York: Basic Books.

Bellah, R. N., Madsen, R., Sullivan, W. M., Swidler, A., & Tipton, S. M. (1985). *Habits of the heart: Individualism and commitment in American life*. Berkeley: University of California Press.

Bellah, R. N., Madsen, R., Sullivan, W. M., Swidler, A., & Tipton, S. M. (1991). *The good society*. New York: Knopf.

Bellone, C. J., & Goerl, G. F. (1992). Reconciling public entrepreneurship and democracy. *Public Administration Review*, 52(2), 130-134.

Berger, P. L., & Luckmann, T. (1966). *The social construction of reality*. Garden City, NY: Doubleday.

Berlin, I. (1979). *Concepts and categories: Philosophical essays* (H. Hardy, Ed.). New York: Viking.

Bernstein, R. J. (1983). *Beyond objectivism and relativism: Science, hermeneutics, and praxis*. Philadelphia: University of Pennsylvania Press.

Bernstein, R. J. (1992). *The new constellation: The ethical-political horizons of* 161
modernity/postmodernity. Cambridge: MIT Press.

Blum, L. A. (1988). Moral exemplars: Reflections on Schindler, the Trocmes, and others. *Midwest Studies in Philosophy*, 12, 135-150.

Blumenthal, S. (1980). *The permanent campaign*. Boston: Beacon Press.

Botwinick, A. (1993). *Postmodernism and democratic theory*. Philadelphia: Temple University Press.

Brudney, J. L., & England, R. E. (1982). Urban policy making and subjective service evaluations: Are they compatible? *Public Adminis-tration Review*, 42, 127-135.

Buchanan, J. H., & Tullock, G. (1962). *The calculus of consent: Logical foundations of constitutional democracy*. Ann Arbor: University of Michigan Press.

Burke, J. P. (1986). *Bureaucratic responsibility*. Baltimore: Johns Hopkins University Press.

Calhoun, C. (1992). Introduction: Habermas and the public sphere. In C. Calhoun (Ed.), *Habermas and the public sphere* (pp. 1-48). Cambridge MA: MIT Press.

Calinescu, M. (1991). From the one to the many: Pluralism in today's thought. In

I. Hoesterey(Ed.), *Zeitgeist in Babel: The post-modernist controversy* (*pp.* 156–174). Bloomington: Indiana University Press.

Carnap, R. (1959a). The elimination of metaphysics through logical analysis of language(A. Pap, Trans.). In A. J. Ayer(Ed.), *Logical positivism* (pp. 60–81). New York: Free Press.

Carnap, R. (1959b). The old and the new logic(I. Levi, Trans.). In A. J. Ayer(Ed.), *Logical positivism* (pp. 133–146). New York: Free Press.

Chandler, R. C. (1984). The public administrator as representative citizen: A new role for the new century. *Public Administration Review*, 44, 196–206.

Clary, B. (1986, September). A framework for citizen participation: Portland's Office of Neighborhood Associations. *MIS Report*, 18,1–13.

Coch, L., & French, J. R. P. (1948). Overcoming resistance to change. *Human Relations*, 1,512–532

Cochran, C. E. (1982). *Character, community and politics*. University, AL: University of Alabama Press.

Cooper, P. (1990). Appendix, selected responses. In G. L. Wamsley, R. N. Bacher, C. T. Goodsell, P. S. Kronenberg, J. A. Rohr, C. M. Stivers, O. F. White, & J. F. Wolf(Eds.), *Refounding public administration* (pp. 311–313). Newbury Park, CA: Sage.

Cooper, T. L. (1987). Hierarchy, virtue, and the practice of public administration: A perspective for normative ethics. *Public Administration Review*, 47, 320–328.

Cooper, T. L. (1991). *An ethic of citizenship for public administration*. Englewood Cliffs, NJ: Prentice Hall.

Crosby, N., Kelly, J. M., & Schaefer, P. (1986). Citizen panels: A new approach to citizen participation. *Public Administration Review*, 52, 170–178.

Dahl, R. (1971). *Polyarchy: Participation and opposition*. New Haven, CT: Yale University Press.

DeLeon, P. (1992). The democratization of the policy sciences. *Public Administration Review*, 52(2), 125–129.

d'Entreves, M. P. (1992). Communitarianism. In L. C. Becker(Ed.), *Encyclopedia of ethics* (Vol. 1, pp. 181–185). New York: Garland.

Dillman, D. L. (1984). Civil service reform in comparative perspective: The United States and Great Britain. In P. W. Ingraham & C. Ban (Eds.), *Legislating bureaucratic change: The Civil Service Reform Act of* 1978 (pp. 203–217). Albany: State University of New York Press.

Duverger, M. (1955). *Political parties*. New York: John Wiley.

Edelman, M. (1964). *The symbolic uses of politics*. Urbana: University of Illinois Press.

Edelman, M. (1971). *Politics as symbolic action*. New York: Academic Press. 162

Edelman, M. (1977). *Political language: Words that succeed and policies that fail*. New York: Academic Press.

Edelman, M. (1988). *Constructing the political spectacle*. Chicago: University of Chicago Press.

Edie, J. M. (1967). Transcendental phenomenology and existentialism. In J. J. Kockelmans(Ed.), *Phenomenology*. Garden City, NY:Doubleday.

Edsall, T. B., & Edsall, M. D. (1991). *Chain reaction: The impact of race, rights and taxes on American politics*. New York:Norton.

Engel, J. F. (1968). *Consumer behavior*. Homewood, IL: Irwin.

Feuerbach, L. (1881). *The essence of Christianity* (M. Evans, Trans.). Boston: Houghton Mifflin.

Finer, H. (1936). Better government personnel. *Political Science Quarterly*, 51, 569-599.

Finer, H. (1941/1972). Administrative responsibility in democratic government. In F. Rourke (Ed.), *Bureaucratic power in national politics* (2nd ed.). Boston: Little, Brown.

Fischer, F. (1990). *Technocracy and the politics of expertise*. Newbury Park, CA:Sage.

Fitzgerald, M. R., & Durant, R. F. (1980). Citizen evaluations and urban management: Service delivery in an era of protest. *Public Administration Review*, 40 (6), 585-594.

Follett, M. P. (1951). *Creative experience*. New York: Peter Smith. (Original work published 1924)

Follett, M. P. (1978). The giving of orders. In J. M. Shafritz & A. C. Hyde(Eds.), *Classics of public administration* (pp. 2937). Oak Park, IL:Moore. (Original work published 1926)

Folz, D. H., & Hazlett, J. M. (1991). Public participation and recycling performance: Explaining program success. *Public Administration Review*, 51(6), 526-532.

Forester, J. (1989). *Planning in the face of power*. Berkeley:University of California Press.

Foucault, M. (1970). *The order of things*. New York:Pantheon.

Fox, C. J. (1980,September). The existential phenomenological alternative to dichotomous thought. *Western Political Quarterly*, 33, 357-379.

Fox, C. J. (1989). Free to choose, free to win, free to lose: The phenomenology of ethical space. *International Journal of Public Administration*, 12(6),913-930.

Fox, C. J. (1990). Implementation research: Why and how to transcend positivist methodologies. In D. J. Palumbo & D. J. Calista(Eds.), *Implementation and the policy process: Opening up the black box* (pp. 199212). New York: Greenwood.

Fox, C. J. (1991). Employee performance appraisal: The keystone made of clay. In C. Ban & N. M. Riccucci(Eds.), *Public personnel management: Current concerns-future challenges* (pp. 58—72). New York: Longman.

Fox, C. J. (1992). What do we mean when we say "professionalism"?: A language usage analysis for public administration. *American Review of Public Administration*, 22(1), 1—18.

Fox, C. J. (1993). The use of philosophy in public administration ethics. In T. Cooper (Ed.), *Handbook on administrative ethics* (pp. 83—106). New York: Marcel Dekker.

Fox, C. J., & Cochran, C. (1990). Discretionary public administration: Toward a Platonic guardian class? In H. D. Kass & B. Catron (Eds.), *Images and identities in public administration* (pp. 87—112). Newbury Park, CA: Sage.

Fox, C. J., & Miller, H. (1993). Postmodern public administration: A short treatise on selfreferential epiphenomena. *Administration Theory and Praxis*, 15 (1), 1—17.

Frances, J., Levacic, R., Mitchell, J., & Thompson, G. (1991). Introduction. In F. Thompson, R. Levacic, & J. Mitchell(Eds.), *Markets, hierarchies & networks: The coordination of social life*. Newbury Park, CA: Sage, and The Open University.

Fraser, N. (1992). Rethinking the public sphere: A contribution to the critique of actually existing democracy. In C. Calhoun(Ed.), *Habermas and the public sphere*. Cambridge: MIT Press.

Fredrickson, H. g. (1982). The recovery of civism in public administration. *Public Administration Review*, 42, 501—508.

163 Gawthrop, L. C. (1984). Civis, civitas and civilitas: A new focus for the year 2000. *Public Administration Review*, 34, 101—107.

Giddens, A. (1984). *The constitution of society: Outline of the theory of structuration*. Berkeley: University of California Press.

Giddens, A. (1990). *The consequences of modernity*. Stanford, CA: Stanford University Press.

Goodsell, C. (1990). Public administration and the public interest. In G. L. Wamsley, R. N. Bacher, C. T. Goodsell, P. S. Kronenberg, J. A. Rohr, C. M. Stivers, O. F. White, & J. F. Wolf(Eds.), *Refounding public administration* (pp. 96—113). Newbury Park, CA: Sage.

Goodsell, C. T. (1994). *The case for bureaucracy* (3rd ed.). Chatham, NJ: Chatham House.

Gore, A. (1993). *Report of the national performance review: From red tape to results: Creating a government that works better and costs less*. Washington, DC: U. S. Government Printing Office.

Granovetter, M. (1985). Economic action and social structure: The problem of embeddedness. *American Journal of Sociology*, 91(3), 481–510.

Gretschmann, K. (1991). Solidarity and markets reconsidered: Cum, versus, or what? In F. Kaufmann(Ed.), *The public sector: Challenge for coordination and learning* (pp. 395–415). Berlin: Walter de Gruyter.

Grodzins, M. (1966). *The American system: A new view of government in the United States*. Chicago: Rand McNally.

Guba, E. (1985). The context of emergent paradigm research. In Y. S. Lincoln (Ed.), *Organizational theory and inquiry: The paradigm revolution*(pp. 79–104). Beverly Hills, CA: Sage.

Habermas, J. (1972). *Knowledge and human interests* (J. J. Shapiro, Trans.). Boston: Beacon Press.

Habermas, J. (1975). *Legitimation crisis*(T. McCarthy, Trans.). Boston: Beacon Press.

Habermas, J. (1989). *The structural transformation of the public sphere* (T. Burger & F. Lawrence, Trans.). Cambridge: MIT Press.

Habermas, J. (1992). In C. Calhoun(Ed.), *Habermas and the public sphere*. (pp. 421–461). Cambridge: MIT Press.

Hall, J. S., & Weschler, L. F. (1991). The Phoenix Futures Forum: Creating vision, implanting community. *National Civic Review*, 80(Spring), 135–157.

Halpin, J. F. (1966). *Zero defects: A new dimension in quality assurance*. New York: McGraw-Hill.

Harmon, M. M. (1981). *Action theory for public administration*. New York: Longman.

Harmon, M. M., & Mayer, R. T. (1986). *Organization theory for public administration*. Boston: Little Brown.

Hawking, S. W. (1988). *A brief history of time*. New York: Bantam.

Heclo, H. (1978). Issue networks and the executive establishment. In A. King (Ed.), *The new American political system* (pp. 87–124) Washington, DC: American Enterprise Institute for Public Policy Research.

Hines, B. (1986, April). Health policy on the town meeting agenda. *Hastings Center Report*, pp. 5–7.

Hirsh, A. (1981). *The French new left: An intellectual history from Sartre to Gorz*. Boston: South End Press.

Honig, B. (1992). Toward an agonistic feminism: Hannah Arendt and the politics of identity. In J. Butler & J. W. Scott(Eds.), *Feminists theorize the political*. New York: Routledge.

Hummel, R. P. (1994). *The bureaucratic experience: A critique of life in the modern organization*. New York: St. Martin's Press.

Husserl, E. (1962). *Ideas: General introduction to pure phenomenology*. London: Collier.

Huxtable, A. L. (1992, December 3). Inventing American reality. *New York Review of Books*, 39(20), 24–29.

Ingersoll, V. H., & Adams, G. B. (1992). *The tacit organization*. Greenwich, CT: JAI Press.

164 Jahn, R. G., & Dunne, B. J. (1986). On the quantum mechanics of consciousness, With application to anomalous phenomena. *Foundations of Physics*, 16(8), 721–772.

Jameson, F. (1991). *Postmodernism or the cultural logic of late capitalism*. Durham, NC: Duke University Press.

Jammer, M. (1967). Energy. In P. Edwards (Ed.), *The encyclopedia of philosophy* (Vol. 2, pp. 511–517). New York: Macmillan.

Jamieson, K. H. (1992). Dirty politics: Deception, distraction and democracy. New York: Oxford University Press.

Janosik, R. J. (1987). *Encyclopedia of the American judicial system: Studies of the principal institutions and processes of law*. New York: Scribner's.

Jencks, C. (1991). Postmodern vs. late-modern. In I. Hoesterey (Ed.). *Zeitgeist in Babel: The post-modernist controversy* (pp. 4–21). Bloomington: Indiana University Press.

Jonsen, A. R., & Toulmin, S. (1988). *The abuse of casuistry: A history of moral reasoning*. Berkeley: University of California Press.

Kathlene, L., & Martin, J. A. (1991). Enhancing citizen participation: Panel designs, perspectives, and policy formulation. *Journal of Policy Analysis and Management*, 10(1), 46–63.

Kaufmann, F. (1991a). Introduction: Issues and context. In F. Kaufmann (Ed.), *The public sector: Challenge for coordination and learning* (pp. 3–28). Berlin: Walter de Gruyter.

Kaufmann, F. (1991b). The relationship between guidance, control, and evaluation. In F. Kaufmann (Ed.), *The public sector: Challenge for coordination and learning* (pp. 213–234). Berlin: Walter de Gruyter.

Keller, L. F. (1984). The political economy of public management: An interorganizational network perspective. *Administration and Society*, 15, 455–474.

Kellner, D. (1989). *Jean Baudrillard: From Marxism to postmodernism and beyond*. Stanford, CA: Stanford University Press.

Kellner, D. (1990). *Television and the crisis of democracy*. Boulder, CO: Westview Press.

Kingdon, J. W. (1984). *Agendas, alternatives, and public policies*. Boston: Little, Brown.

Knott, J. H., & Miller, G. J. (1987). *Reforming bureaucracy: The politics of institutional choice*. Englewood Cliffs, NJ: Prentice Hall.

Kockelmans, J. J. (Ed.). (1967). *Phenomenology: The philosophy of Edmund Husserl and its interpretation*. Garden City, NY: Doubleday.

Kronenberg, P. S. (1990). Public administration and the Defense Department: Examination of a prototype. In G. L. Wamsley, R. N. Bacher, C. T. Goodsell, P. S. Kronenberg, J. A. Rohr, C. M. Stivers, O. F. White, & J. F. Wolf(Eds.), *Refounding public administration* (pp. 274-306). Newbury Park, CA: Sage.

Kuhn, T. (1970). *The structure of scientific revolutions* (2nd ed.). Chicago: University of Chicago Press.

Kwant, R. C. (1963). *Phenomenological philosophy of Merleau-Ponty*. Pittsburgh: Duquesne University Press.

Langan, T. (1966). *Merleau-Ponty's critique of reason*. New Haven, CT: Yale University Press.

Levine, A., & Silverstein, K. (1993, December 13). How the drug lobby cut cost controls. *Nation*, pp. lff.

Lewin, K. (1951). *Field theory in social science*. In D. Cartwright, (Ed.). New York: Harper.

Lindblom, C. E. (1977). *Politics and markets: The world's political-economic systems*. New York: Basic Books.

Lipsky, M. (1980). *Street-level bureaucracy: Dilemmas of the individual in public services*. New York: Russell sage.

Lloyd, G. E. R. (1967). Leucippus and Democritus. In P. Edwards(Ed.), *The encyclopedia of philosophy* (Vol. 3, pp. 446-451). New York: Macmillan.

Lowi, T. J. (1969). *The end of liberalism: Ideology, policy, and the crisis of* 165
public authority. New York: W. W. Norton.

Lowi, T. J. (1979). *The end of liberalism: The second republic of the United States*. New York: W. W. Norton.

Lowi, T. J. (1993). Legitimizing public administration: A disturbed dissent. *Public Administration Review*, 53(3), 261-264.

Lyotard, J. -F. (1984). *The postmodern condition: A report on knowledge* (G. Bennington & B. Massumi, Trans.) Minneapolis: University of Minnesota Press.

MacIntyre, A. (1981). *After virtue*. Notre Dame, IN: Notre Dame University Press.

MacIntyre, A. (1984). *After virtue* (*2nd ed.*). Notre Dame, IN: Notre Dame University Press.

Mallin, S. (1979) *Merleau-Ponty's philosophy*. New Haven: Yale University Press.

Marcuse, H. (1964) *One dimensional man: Studies in the ideology of advanced industrial society*. Boston: Beacon Press.

McCarthy, T. (1975) Translator's Preface. In J. Habermas, *Legitimation crisis* (pp. i-xxiv). Boston: Beacon Press.

Merleau-Ponty, M. (1962) *The phenomenology of perception* (C. Smith, Trans.). New York: Humanities Press.

Merleau-Ponty, M. (1963). *The structure of behavior*. A. L. Fisher (Trans.). Boston: Beacon Press.

Mertins, H., & Hennigan, P. J. (1982). *Applying professional standards and ethics in the eighties: A workbook and study guide for public adminis-trators*. Washington, DC: American Society for Public Administration.

Merton, R. (1957). *Social theory and social structure*. Glencoe, IL: Free Press.

Michels, R. (1958). *Political parties: A sociological study of the oligarchical tendencies of modern democracy*. Glencoe, IL: Free Press. (Original work published 1915)

Miller, H. T. (1993). Everyday politics in public administration. *American Review of Public Administration*, 23(2), 99-116.

Miller, H. T. (1994). Postprogressive public administration: Lessons from policy networks. *Public Administration Review*, 54(4), 378-385.

Moore, S. (1987). *Street-level tasks: A decision making approach*. Paper presented at Annual Meeting of American Political Science Association, Chicago.

Morgan, D. F. (1990) Administrative phronesis: Discretion and the problem of administrative legitimacy in our constitutional system. In H. D. Kass & B. Catron (Eds.), *Images and identities in public administration* (pp. 67-86). Newbury Park, CA: Sage.

Morgan, G. (1986). *Images of organization*. Newbury Park, CA: Sage.

Mosher, F. C. (1982). *Democracy and the public service* (2nd ed.). New York: Oxford University Press.

Nachmias, D., & Nachmias, C. (1988). *Research methods in the social sciences* (3rd ed.). New York: St. Martin's.

Neurath, O. (1959). Protocol sentences (G. Schick, Trans.). In A. J. Ayer (Ed.), *Logical positivism* (pp. 199-208). New York: Free Press.

Oakeshott, M. (1991). *Rationalism in politics and other essays*. Indianapolis: Liberty Press.

Ollman, B. (1971). *Alienation: Marx's conception of man in capitalist society*. Cambridge: Cambridge University Press.

Ott, J. S. (1989). *The organizational culture perspective*. Pacific Grove, CA: Brooks/Cole.

Overman, E. S. (1991). Policy physics. In T. L. Becker (Ed.), *Quantum politics: Applying quantum theory to political phenomena* (pp. 151-167)。New York: Praeger.

Page, B. , & Brody, R. (1972). Policy voting and the electoral process. *American Political Science Review*, 66, 979–995.

Parenti, M. (1983). *Democracy for the few* (4th ed.). New York: St. Martin's Press.

Pateman, C. (1970). *Participation and democratic theory*. London: Cambridge University Press.

Pfeffer, J. (1981). *Power in organizations*. Boston: Pittman.

Plant, J. F. (1983). Ethics and public personnel administration. In S. W. Hays & R. 166
C. Kearney (Eds.), *Public personnel administration* (pp. 289–308). Englewood Cliffs, NJ: Prentice Hall.

Poster, M. (1989). *Critical theory and poststructuralism: In search of a contest*. Ithaca, NY: Cornell University Press.

Poster, M. (1990). *The mode of information: Poststructuralism and social context*. Chicago: University of Chicago Press.

Powell, W. W. (1990). Neither market nor hierarchy: Network forms of organization. *Research in Organizational Behavior*, 12, 295–336.

Prewitt, K. (1970). Political ambitions, volunteerism, and electoral accountability. *American Political Science Review*, 64, 5–17.

Roethlisberger, F. J. , & Dickson, W. J. (1939). *Management and the worker*. Cambridge, MA: Harvard University Press.

Rohr, J. A. (1986) *To run a constitution: The legitimacy of the administrative state*. Lawrence: University Press of Kansas.

Rohr, J. A. (1989). *Ethics for bureaucrats: An essay on law and values* (2nd ed.). New York: Marcel Dekker.

Rohr, J. A. (1993). Toward a more perfect union. *Public Administration Review*, 53 (3), 246–249.

Rorty, R. (1979). *Philosophy and the mirror of nature*. Princeton, NJ: Princeton University Press.

Russell, L. J. (1967). Leibniz, Gottfried Wilhelm. In P. Edwards (Ed.), *The encyclopedia of philosophy* (Vol. 3, pp. 422–435). New York: Macmillan.

Sanford, T. (1967). *Storm over the states*. New York: MacGraw-Hill.

Schattschneider, E. E. (1960). *The semisovereign people: A realist's view of democracy in America*. New York: Holt, Rinehart & Winston.

Schon, D. A. (1971). *Beyond the stable state: Public and private learning in a changing society*. London: Temple Smith.

Simonsen, B. , Collins, N. , & Barnett, R. (1993, April). *Attempting non-incremental budget change in Oregon: An exercise in policy sharing*. Paper presented at Western Social Sciences Association, Corpus Christi, Texas.

Smith, M. J. (1991). From policy communication to issue networks: Salmonella in eggs and the new politics of food. *Public Administration*, 69(Summer), 234-255.

Spicer, M. W., & Terry, L. D. (1993). Legitimacy, history, and logic: Public administration and the Constitution, *Public Administration Review*, 53(3), 239-246.

Steinfels, P. (1979). *Neoconservatives: The men who are changing America's politics*. New York: Simon & Schuster.

Stewart, T. R., Dennis, R. L., & Ely, D. W. (1984). Citizen participation and judgment in policy analysis: A case study of urban air quality policy. *Policy Sciences*, 17(May), 67-87.

Stipak, B. (1980). Local governments' use of citizen surveys. *Public Administration Review*, 40(5), 521-525.

Stivers, C. M. (1990a). Active citizenship and public administration. In G. L. Wamsley, R. N. Bacher, C. T. Goodsell, P. S. Kronenberg, J. A. Rohr, C. M. Stivers, O. F. White, & J. F. Wolf (Eds.), *Refounding public administration* (pp. 246-273). Newbury Park, CA: Sage.

Stivers, C. M. (1990b). The public agency as polis: Active citizenship in the administrative state. *Administration & Society*, 22(1), 86-105.

Stivers, C. (1993). *Gender images in public administration: Legitimacy and the administrative state*. Newbury Park, CA: Sage.

Stivers, C. (1994). The listening bureaucrat: Responsiveness in public administration. *Public Administration Review*, 54(4), 364-369.

Stone, D. A. (1988). *Policy paradox and political reason*. Glenview, IL: Scott Foresman/Little, Brown.

167 Suleiman, S. R. (1991). Feminism and postmodernism: A question of politics. In I. Hoesterey (Ed.), *Zeitgeist in Babel: The post-modernist controversy* (pp. 111-131). Bloomington: Indiana University Press.

Sundquist, J. L. (1973). *Dynamics of the party system: Alignment and realignment of political parties in the United States*. Washington DC: Brookings. Taylor, C. (1985). *Philosophical papers* (2 vols.). Cambridge, MA: Cambridge University Press.

Taylor, F. W. (1978). Testimony before the U. S. House of Representatives, January 25. In J. M. Shafritz & A. C. Hyde (Eds.), *Classics of public administration*. Oak Park, IL: Moore. (Original work published 1912)

Thayer, F. C. (1978). The president's management "reforms": Theory X triumphant. *Public Administration Review*, 38(4), 309-314.

Thomas, J. M. (1985). Neighborhood response to redevelopment in Detroit. *Community Development Journal*, 20(7), 89-98.

U. S. Office of Personnel Management. (1979). Common themes in public personnel reform. *Personnel Management Reform*, 1(1), 1-7.

U. S. Senate, Committee on Government Affairs. (1978). Hearings on S. 2604, S. 2707, and S. 2830, Appendix, 95th Congress. 2d Sess. Washington, DC: Author.

Villa, D. R. (1992). Postmodernism and the public sphere. *American Political Science Review*, 86(3), 712-721.

Waldo, D. (1948). *The administrative state: A study of the political theory of American public administration*. New York: Ronald Press.

Wallace, B. A. (1989). *Choosing reality: A contemplative view of physics and the mind*. Boston: New Science Library.

Walton, M. (1986). *The Deming management method*. New York: Perrigg.

Walzer, M. (1970). *Obligations: Essays on disobedience, war, and citizenship*. Cambridge, MA: Harvard University Press.

Walzer, M. (1983). *Spheres of justice*. New York: Basic Books.

Wamsley, G. L. (1985). Policy subsystems as a unit of analysis in implementation studies: A struggle for theoretical synthesis. In K. Hanf & T. A. J. Toonen (Eds.), *Policy implementation in federal and unitary systems: Questions of analysis and design* (pp. 71-96).

Dordrecht, Boston: Martinus Nijhoff.

Wamsley, G. L. (1990). Introduction, In G. L. Wamsley, R. N. Bacher, C. T. Goodsell, P. S. Kronenberg, J. A. Rohr, C. M. Stivers, O. F. White, & J. F. Wolf (Eds.), *Refounding public administration* (pp. 19-29). Newbury Park, CA: Sage.

Wamsley, G. L., Bacher, R. N., Goodsell, C. T., Kronenberg, P. S., Rohr, J. A., Stivers, C. M., White, O. F. & Wolf, J. F. (Eds.). (1990). *Refounding public administration*. Newbury Park, CA: Sage.

Watson, D. J., Juster, R. J., & Johnson, G. W. (1991). Institutionalized use of citizen surveys in the budgetary and policy-making processes: A small city case study. *Public Administration Review*, 51(3), 232-239.

Weber, M. (1946). *From Max Weber: Essays in sociology* (H. H. Gerth & C. W. Mills, Eds. and Trans.). New York: Oxford University Press.

Whiteside, K. H. (1988). *Merleau-Ponty and the foundation of an existential politics*. Princeton, NJ: Princeton University Press.

Williamson, O. E. (1975). *Markets and hierarchies: Analysis and antitrust implications — A study in the economics of internal organization*. New York: Free Press.

Wittgenstein, L. (1953). *Philosophical investigations*. New York: Macmillan.

Wolff, R. P., Moore, B., & Marcuse, H. (1965). *A critique of pure tolerance*. Boston: Beacon Press.

Yankelovich, D. (1991). *Coming to public judgment: Making democracy work in a complex world*. Syracuse, NY: Syracuse University Press.

人名索引

（以下所标页码为英文原书页码，加“n”的表示该页注释）

术语索引

（以下所标页码为英文原书页码）

人大版公共管理类翻译（影印）图书

公共行政与公共管理经典译丛

书名	著译者	定价
公共管理名著精华：“公共行政与公共管理经典译丛”导读	吴爱明　刘晶　主编	49.80 元

经典教材系列

书名	著译者	定价
公共管理导论（第三版）	［澳］欧文·E·休斯　著 张成福 等　译	39.00 元
政治学（第三版）	［英］安德鲁·海伍德　著 张立鹏　译	49.80 元
公共政策分析导论（第四版）	［美］威廉·N·邓恩　著 谢明 等　译	49.00 元
公共政策制定（第五版）	［美］詹姆斯·E·安德森　著 谢明 等　译	46.00 元
公共行政学：管理、政治和法律的途径（第五版）	［美］戴维·H·罗森布鲁姆 等　著 张成福 等　译校	58.00 元
比较公共行政（第六版）	［美］费勒尔·海迪　著 刘俊生　译校	49.80 元
公共部门人力资源管理：系统与战略（第四版）	［美］唐纳德·E·克林纳 等　著 孙柏瑛 等　译	49.80 元
公共部门人力资源管理（第二版）	［美］埃文·M·伯曼 等　著 萧鸣政 等　译	49.00 元
行政伦理学：实现行政责任的途径（第五版）	［美］特里·L·库珀　著 张秀琴　译　音正权　校	35.00 元
民治政府——美国政府与政治（第二十版）	［美］詹姆斯·麦格雷戈·伯恩斯 等　著 吴爱明 等　译	69.80 元
比较政府与政治导论（第五版）	［英］罗德·黑格　马丁·哈罗普　著 张小劲 等　译	48.00 元
公共组织理论（第五版）	［美］罗伯特·B·登哈特　著 扶松茂　丁力　译　竺乾威　校	32.00 元
公共组织行为学	［美］罗伯特·B·登哈特 等　著 赵丽江　译	49.80 元
组织领导学（第五版）	［美］加里·尤克尔　著 陶文昭　译	49.80 元
公共关系：职业与实践（第四版）	［美］奥蒂斯·巴斯金 等　著 孔祥军 等　译　郭惠民　审校	68.00 元
公用事业管理：面对 21 世纪的挑战	［美］戴维·E·麦克纳博　著 常健 等　译	39.00 元
公共预算中的政治：收入与支出，借贷与平衡（第四版）	［美］爱伦·鲁宾　著 叶娟丽　马骏 等　译	39.00 元
公共行政学新论：行政过程的政治（第二版）	［美］詹姆斯·W·费斯勒 等　著 陈振明 等　译校	58.00 元
公共和第三部门组织的战略管理：领导手册	［美］保罗·C·纳特 等　著 陈振明 等　译校	43.00 元
公共行政与公共事务（第十版）	［美］尼古拉斯·亨利　著 孙迎春　译	52.00 元
公共管理案例教学指南	［美］小劳伦斯·E·列恩　著 郄少健 等　译　张成福 等　校	26.00 元

书名	著译者	定价
公共管理中的应用统计学（第五版）	［美］肯尼思·J·迈耶 等 著 李静萍 等 译	49.00元
现代城市规划（第五版）	［美］约翰·M·利维 著 张景秋 等 译	39.00元
非营利组织管理	［美］詹姆斯·P·盖拉特 著 邓国胜 等 译	38.00元
非营利组织战略营销（第五版）	［美］菲利普·科特勒 等 著 孟延春 等 译	58.00元
公共财政管理：分析与应用（第六版）	［美］约翰·L·米克塞尔 著 白彦锋 马蔡琛 译 高培勇 等 校	69.90元
企业与社会：公司战略、公共政策与伦理（第十版）	［美］詹姆斯·E·波斯特 等 著 张志强 等 译	59.80元
公共行政学：概念与案例（第七版）	［美］理查德·J·斯蒂尔曼二世 编著 竺乾威 等 译	75.00元
公共管理中的量化方法：技术与应用（第三版）	［美］苏珊·韦尔奇 等 著 郝大海 等 译	39.00元
公共与非营利组织绩效考评：方法与应用	［美］西奥多·H·波伊斯特 著 肖鸣政 等 译	35.00元
政治体制中的行政法（第三版）	［美］肯尼思·F·沃伦 著 王丛虎 等 译	78.00元
政府与非营利组织会计（第12版）	［美］厄尔·R·威尔逊 等 著 荆新 等 译校	79.00元
政治科学的理论与方法（第二版）	［英］大卫·马什 等 编 景跃进 张小劲 欧阳景根 译	38.00元
公共管理的技巧（第九版）	［美］乔治·伯克利 等 著 丁煌 主译	59.00元
领导学：理论与实践（第五版）	［美］彼得·G·诺斯豪斯 著 吴爱明 陈爱明 陈晓明 译	48.00元
领导学（亚洲版）	［新加坡］林志颂 等 著 顾朋兰 等 译 丁进锋 校译	59.80元
领导学：个人发展与职场成功（第二版）	［美］克利夫·里科特斯 著 戴卫东 等 译 姜雪 校译	69.00元
二十一世纪的公共行政：挑战与改革	［美］菲利普·J·库珀 等 著 王巧玲 李文钊 译 毛寿龙 校	45.00元
行政学（新版）	［日］西尾胜 著 毛桂荣 等 译	35.00元
官僚政治（第五版）	［美］B·盖伊·彼得斯 著 聂露 等 译	39.80元
理解公共政策（第十二版）	［美］托马斯·R·戴伊 著 谢明 译	45.00元
公共政策导论（第三版）	［美］小约瑟夫·斯图尔特 等 著 韩红 译	35.00元
公共政策分析：理论与实践（第四版）	［美］戴维·L·韦默 等 著 刘伟 译校	待出
应急管理概论	［美］米切尔·K·林德尔 等 著 王宏伟 译	55.00元
公共行政导论（第六版）	［美］杰伊·M·沙夫里茨 等 著 刘俊生 等 译	65.00元
城市管理学：美国视角（第六版）	［美］戴维·R·摩根 等 著 杨宏山 陈建国 译 杨宏山 校	49.00元

书名	著译者	定价
公共经济学：政府在国家经济中的作用	［美］林德尔·G·霍尔库姆 著 顾建光 译	69.80元
公共部门管理（第八版）	［美］格罗弗·斯塔林 著 常健 等 译 常健 校	75.00元

公共管理实务系列

书名	著译者	定价
新有效公共管理者：在变革的政府中追求成功（第二版）	［美］史蒂文·科恩 等 著 王巧玲 等 译 张成福 校	28.00元
驾御变革的浪潮：开发动荡时代的管理潜能	［加］加里斯·摩根 著 孙晓莉 译 刘霞 校	22.00元
自上而下的政策制定	［美］托马斯·R·戴伊 著 鞠方安 等 译	23.00元
政府全面质量管理：实践指南	［美］史蒂文·科恩 等 著 孔宪遂 等 译	25.00元
公共部门标杆管理：突破政府绩效的瓶颈	［美］帕特里夏·基利 等 著 张定淮 译校	28.00元
创建高绩效政府组织：公共管理实用指南	［美］马克·G·波波维奇 主编 孔宪遂 等 译 耿洪敏 校	23.00元
职业优势：公共服务中的技能三角	［美］詹姆斯·S·鲍曼 等 著 张秀琴 译 音正权 校	19.00元
全球筹款手册：NGO及社区组织资源动员指南（第二版）	［美］米歇尔·诺顿 著 张秀琴 等 译 音正权 校	39.80元

政府治理与改革系列

书名	著译者	定价
新公共服务：服务，而不是掌舵	［美］珍妮特·V·登哈特 罗伯特·B·登哈特 著 丁煌 译 丁煌 方兴 校	28.00元
公共决策中的公民参与	［美］约翰·克莱顿·托马斯 著 孙柏瑛 等 译	28.00元
再造政府	［美］戴维·奥斯本 等 著 谭功荣 等 译	45.00元
构建虚拟政府：信息技术与制度创新	［美］简·E·芳汀 著 邵国松 译	32.00元
突破官僚制：政府管理的新愿景	［美］麦克尔·巴泽雷 著 孔宪遂 等 译	25.00元
政府未来的治理模式（中文修订版）	［美］B·盖伊·彼得斯 著 吴爱明 等 译 张成福 校	38.00元
无缝隙政府：公共部门再造指南（中文修订版）	［美］拉塞尔·M·林登 著 汪大海 等 译	48.00元
公民治理：引领21世纪的美国社区（中文修订版）	［美］理查德·C·博克斯 著 孙柏瑛 等 译	38.00元
民营化与公私部门的伙伴关系	［美］E.S. 萨瓦斯 著 周志忍 等 译	39.00元
持续创新：打造自发创新的政府和非营利组织	［美］保罗·C·莱特 著 张秀琴 译 音正权 校	28.00元
政府改革手册：战略与工具	［美］戴维·奥斯本 等 著 谭功荣 等 译	59.00元
公共部门的社会问责：理念探讨及模式分析	世界银行专家组 著 宋涛 译校	28.00元

书名	著译者	定价
公私合作伙伴关系：基础设施供给和项目融资的全球革命	［英］达霖·格里姆赛 等 著 济邦咨询公司 译	29.80 元
非政府组织问责：政治、原则与创新	［美］丽莎·乔丹 等 主编 康晓光 等 译 冯利 校	32.00 元
市场与国家之间的发展政策：公民社会组织的可能性与界限	［德］康保锐 著 隋学礼 译校	49.80 元
建设更好的政府：建立监控与评估系统	［澳］凯思·麦基 著 丁煌 译 方兴 校	30.00 元

学术前沿系列

书名	著译者	定价
公共行政的精神（中文修订版）	［美］H·乔治·弗雷德里克森 著 张成福 等 译 张成福 校	48.00 元
后现代公共行政：话语指向（中文修订版）	［美］查尔斯·J·福克斯 等 著 楚艳红 等 译 吴琼 校	38.00 元
公共行政的合法性：一种话语分析（中文修订版）	［美］O.C. 麦克斯怀特 著 吴琼 译	待出
公共行政的语言：官僚制、现代性和后现代性（中文修订版）	［美］戴维·约翰·法默尔 著 吴琼 译	待出
官僚制内幕	［美］安东尼·唐斯 著 郭小聪 等 译	38.00 元
领导学	［美］詹姆斯·麦格雷戈·伯恩斯 著 常健 孙海云 等 译 常健 校	69.00 元
官僚经验：后现代主义的挑战（第五版）	［美］拉尔夫·P·赫梅尔 著 韩红 译	待出
制度分析：理论与争议（第二版）	［韩］河涟燮 著 李秀峰 柴宝勇 译	待出
情绪劳动	［美］玛丽·E·盖伊 等 著 周文霞 等 译	待出

案例系列

书名	著译者	定价
公共管理案例（第五版）	［美］罗伯特·T·戈伦比威斯基 等 主编 汪大海 等 译	28.00 元
组织发展案例：环境、行为与组织变革	［美］罗伯特·T·戈伦比威斯基 等 主编 杨爱华 等 译	29.00 元
公共部门人力资源管理案例	［美］T·赞恩·里夫斯 主编 句华 主译 孙柏瑛 统校	22.00 元
非营利组织管理案例与应用	［美］罗伯特·T·戈伦比威斯基 等 主编 邓国胜 等 译	23.00 元
公共管理的法律案例分析	［美］戴维·H·罗森布鲁姆 等 著 王丛虎 主译	33.00 元
公共政策分析案例（第二版）	［美］乔治·M·格斯 等 著 王军霞 等 译	待出

学术经典系列

书名	著译者	定价
新公共行政	［美］H·乔治·弗雷德里克森 著 丁煌 方兴 译 丁煌 校	23.00 元

公共政策经典译丛

书名	著译者	定价
公共政策评估	［美］弗兰克·费希尔　著 吴爱明 等　译	38.00 元
议程、备选方案与公共政策（第二版）	［美］约翰·W·金登　著 丁煌　方兴　译	38.00 元
公共政策工具——对公共管理工具的评价	［美］B·盖伊·彼得斯 等　编 顾建光　译	29.80 元
第四代评估	［美］埃贡·G·古贝 等　著 秦霖 等　译　杨爱华　校	39.00 元
政策规划与评估方法	［加］梁鹤年　著 丁进锋　译	39.80 元

当代西方公共行政学思想经典译丛

书名	编译者	定价
公共行政学中的批判理论	戴黍　牛美丽 等　编译	29.00 元
公民参与	王巍　牛美丽　编译	45.00 元
公共行政学百年争论	颜昌武　马骏　编译	49.80 元
公共行政学中的伦理话语	罗蔚　周霞　编译	45.00 元

当代世界学术名著

书名	著译者	定价
政策悖论：政治决策中的艺术（修订版）	［美］德博拉·斯通　著 顾建光　译	58.00 元
公共行政的语言——官僚制、现代性和后现代性	［美］戴维·约翰·法默尔　著 吴琼　译	49.80 元
公共行政的精神	［美］乔治·弗雷德里克森　著 张成福 等　译	45.00 元
公共行政的合法性——一种话语分析	［美］O. C. 麦克斯怀特　著 吴琼　译	48.00 元

卓越领导

书名	著译者	定价
领袖	［美］詹姆斯·麦格雷戈·伯恩斯　著 常健 等　译	49.00 元
特立独行：从肯尼迪到小布什的总统领导艺术	［美］詹姆斯·麦格雷戈·伯恩斯　著 吴爱明 等　译	39.80 元
创新型领导艺术：激发团队创造力	［英］约翰·阿代尔　著 吴爱明 等　译	25.00 元
创造性思维艺术：激发个人创造力	［英］约翰·阿代尔　著 吴爱明 等　译	25.00 元

公共管理英文版教材系列

书名	作者	定价
公共管理导论（第三版）	［澳］Owen E. Hughes （欧文·E·休斯）　著	28.00 元
理解公共政策（第十二版）	［美］Thomas R. Dye （托马斯·R·戴伊）　著	34.00 元

书名	作者	定价
公共行政学经典（第五版）	［美］Jay M. Shafritz （杰伊·M·莎夫里茨）等　编	59.80元
组织理论经典（第五版）	［美］Jay M. Shafritz （杰伊·M·莎夫里茨）等　编	46.00元
公共政策导论（第三版）	［美］Joseph Stewart，Jr. （小约瑟夫·斯图尔特）等　著	35.00元
公共部门管理导论（第六版）	［美］Grover Starling （戈文·斯塔林）　著	49.80元
政治学（第三版）	［英］Andrew Heywood （安德鲁·海伍德）　著	35.00元
公共行政导论（第五版）	［美］Jay M. Shafritz （杰伊·M·莎夫里茨）等　著	58.00元
公共组织理论（第五版）	［美］Robert B. Denhardt （罗伯特·B·登哈特）　著	32.00元
公共政策分析导论（第四版）	［美］William N. Dunn （威廉·N·邓恩）　著	45.00元
公共部门人力资源管理：系统与战略（第六版）	［美］Donald E. Klingner （唐纳德·E·克林纳）等　著	待出
公共行政与公共事务（第十版）	［美］Nicholas Henry （尼古拉斯·亨利）　著	39.00元
公共经济学：政府在国家经济中的作用	［美］Randall G. Holcombe （林德尔·G·霍尔库姆）　著	62.00元

更多图书信息，请登录 www.crup.com.cn/gggl 查询，或联系中国人民大学出版社政治与公共管理出版分社获取

地址：北京市海淀区中关村大街甲59号文化大厦1202室　　邮编：100872
电话：010－82502724　　传真：010－62514775
E-mail：ggglcbfs@vip.163.com　　网站：http：//www.crup.com.cn/gggl

Postmodern Public Administration: Toward Discourse by Charles J. Fox and Hugh T. Miller
English language edition published by Sage Publications Inc., A SAGE Publications Company of Thousand Oaks, London, New Delhi, Singapore and Washington D. C., © 1994 by Sage Publications, Inc.

图书在版编目（CIP）数据

后现代公共行政：话语指向/(美）福克斯，(美）米勒著；楚艳红，曹沁颖，吴巧林译．—2版（修订本）．—北京：中国人民大学出版社，2012.12
公共行政与公共管理经典译丛·学术前沿系列
“十二五”国家重点图书出版规划项目
ISBN 978-7-300-16814-2

Ⅰ.①后… Ⅱ.①福…②米…③楚…④曹…⑤吴… Ⅲ.①公共管理-行政管理-研究 Ⅳ.①D035

中国版本图书馆CIP数据核字（2012）第299314号

公共行政与公共管理经典译丛
学术前沿系列
“十二五”国家重点图书出版规划项目
后现代公共行政：话语指向（中文修订版）
［美］查尔斯·J·福克斯（Charles J. Fox） 休·T·米勒（Hugh T. Miller） 著
楚艳红　曹沁颖　吴巧林　译
吴　琼　校
Houxiandai Gonggong Xingzheng

出版发行	中国人民大学出版社		
社　址	北京中关村大街31号	邮政编码	100080
电　话	010－62511242（总编室）		010－62511398（质管部）
	010－82501766（邮购部）		010－62514148（门市部）
	010－62515195（发行公司）		010－62515275（盗版举报）
网　址	http://www.crup.com.cn		
	http://www.ttrnet.com(人大教研网)		
经　销	新华书店		
印　刷	北京鑫丰华彩印有限公司	版　次	2002年11月第1版
规　格	185 mm×260 mm　16开本		2013年1月第2版
印　张	10 插页2	印　次	2013年1月第1次印刷
字　数	205 000	定　价	38.00元